星野リゾートの事件簿2

なぜお客様は感動するのか？

中沢康彦＝著

はじめに

星野リゾートは長野県軽井沢町からスタートした旅館・ホテルの運営会社だ。家業の一軒宿の経営改革に、星野佳路（よしはる）代表が乗り出してから約30年。２０２1年1月時点で国内外46カ所で旅館やホテルなどを手がけるまでに成長している。国内の有力な旅館・ホテルチェーンの一角に数えられるようになった。

本書は星野リゾートでここまでの過程で実際に起きた「事件」に、スタッフがどう向き合い、解決したかのドキュメントだ。『星野リゾートの事件簿』（日経ＢＰ）が２００9年までの事件を扱ったのに続き、本書はその後の２０１０〜20年にかけて起きた事件をテーマにしている。

星野氏は米国留学などを経て、１９８０年代に就職した国内企業でホテルチェーンの米国進出にかかわった後、帰国。91年に家業の温泉旅館を継ぐと、93年には施設を所有せずに運営に特化するという現在に連なる経営方針を公表した。社名も星野温泉旅館から星野リゾートに変更し、運営会社として集客力とサービス力を提供するビジネスモデルに転換した。

星野氏は米国の大学院でホテル経営学を学び、ビジネス理論を重視する経営スタイルになった。実家の事業を継承したときの最初の大きな課題は社員の採用難と低い定着率であった。その解決方法として着目したのが米国の経営学者、ケン・ブランチャード氏のエンパワーメント理論だ。ブランチャード氏の①会社情報を全社員と共有、②階層組織の思考をやめる、③失敗を学習の機会と考える——といったステップを忠実に実践。役職や年齢にかかわらず、自由で対等に意見交換する「フラットな組織文化」を導入すると、スタッフが考えながら仕事をするように変わっていった。

意見を言いやすく経営に参画できる環境づくりを進め、星野氏はスタッフに対し、「言いたいことを、言いたいときに、言いたい人に、言う文化をつくる」と宣言。正しい議論ができるようにするために情報の共有化を進め、それまで経営陣しか知らなかった経営データをスタッフに開示し始めた。フラットな組織文化が定着した結果、星野リゾートの会議では、役職や年齢に関係なく自分の意見を自由に話すスタッフが目立つ。メールやチャットを使った議論も活発だ。スタッフは自分で考えて動くため、そのときに自分たちのチームが必要だと判断したサービスを顧客に提供できることになっている。

サービス業は宿泊客からのクレームもあれば、要望に対して敏速に対応すべく解決策を練ることもある。社内でさまざまな行き違いが起きることもあれば、計画した通りにいかないことも多い。それこそが本書に登場するさまざまな「事件」だ。ここに示される通り、事件はリスクや問題としてとらえるのではなく、チームが成長するためのプロセスであり、解決していくことでスタッフの自信になる。星野氏は「事件が起きるのは、スタッフが仕事について考えて行動しているから。そこには現場をよくするヒントが多数含まれる」と話す。想定外の出来事を前向きにとらえ、スタッフの活発な議論を歓迎する組織文化がある。

取材にあたって、星野リゾートのみなさまには多大な協力をいただいた。改めて謝意をお伝えしたい。登場する施設名、人物の肩書きなどはそれぞれの「事件」のときのままである。敬称は省略した。本書の姉妹編として『星野リゾートの事件簿』のほかに『星野リゾートの教科書』（日経BP）がある。『教科書』は星野氏が経営の参考にしてきたブランチャード氏ら経営学の教科書とその実践例を記している。ぜひ、本書と併せてお読みいただきたい。

２０２１年3月
日経ビジネス副編集長　中沢康彦

星野リゾートの事件簿2

目次

第2章 ミスもピンチも前向きなエネルギーに変える

ブックデザイン　前田象平
制作　ビーワークス
写真　栗原克己
船戸俊一
尾苗 清
大亀京助
森本勝義

第1章 考えて、議論して、動いたら、ここまでできた

崩れたスクラム

——OMO7旭川

北海道旭川市

ＯＭＯ７（おもせぶん）旭川（北海道旭川市）は、星野リゾートが運営する初の都市観光ホテルだ。２０１７年４月に別の会社から運営を引き継ぎ、18年４月に旭川グランドホテルから現在の名に変更した。ＪＲ旭川駅からはやや離れているものの、近くには古くからの飲食店が立ち並ぶ便利な場所にある。客室数は２３７。約２００人が働く。

運営が始まる数カ月前には、新たな運営方針を決める「コンセプト委員会」がスタート。星野リゾートの代表を務める星野佳路は定期的に旭川に通うようになった。

最近の星野リゾートにとって、これはかなり異例だ。数年前までならば、確かに既存施設の運営に着手する場合、星野は必ず自ら先頭に立って現地入りしていた。しかしスタッフの成長に伴い、こうした業務をどんどん任せるようになり、現在では運営の着手にあたって星野が施設を訪れるケースはほとんどなくなっている。

施設が目指す方向性の決め方自体もかなり変わった。星野リゾートでは以前、新たな施設の運営を始めるとき、必ずコンセプト委員会をつくり、半年ほどかけて目指す方向性を決めていた。しかし２０１０年ごろからブランドづくりに着手し、施設の特徴に合わせてラグジュアリーリゾートの「星のや」、温泉旅館の「界」、ファミリーや女性客向けの「リゾナーレ」というブランドが誕生。ブランドごとにコンセプトを明確に定めているため、ブランドが決まれば、施設ごとにコンセプト委員会を開く必要がなくなった。

都市観光に本格的に進出

旭川の場合、あえてコンセプト委員会を立ち上げ、星野が自ら参加し続けたのには理由がある。星野リゾートにとって都市観光ホテル向けブランドの第一号の案件になる可能性があったためだ。

長野・軽井沢発祥の星野リゾートは従来、リゾート地の旅館やホテルの運営が中心だった。しかし、都市ホテルの宿泊客の動向を分析した結果、「観光目的の宿泊客が多い」ことが判明。ホテル・旅館の運営会社として成長するには、都市観光もターゲットにすべきだと考えるようになった。「都市を観光するためにビジネスホテルに宿泊する場合、満足も不満もない。ただ寝るだけ、ただ泊まるだけになりがちで、顧客のテンションは上がっていない。都市観光に合った施設が必要だと思った」と星野は狙いを話す。

事前の調査によると、前身の旭川グランドホテルでは宿泊客のうちビジネス需要は3割にとどまり、残りの7割が観光目的となっていた。都市観光ホテルの条件に合致しており、星野は最初の案件としてこの施設を選んだ。

都市観光ホテルは後にOMO（おも）と名づけ、星野リゾートにとって4つ目のブランドになる。しかし、この段階では都市観光という方向は決まっていたが、詳細はこれからだった。そのため、旭川でのコンセプトづくりは、新しいブランドのあり方を考えることとも重なっていた。だからこそ、星野は多忙ななかでも旭川をたびたび訪問し、スタッフと議論し続けた。

料飲部門に所属する小野寺雅昭は50代で地元旭川出身だ。個人経営のレストランなどの勤務を経て01年、前身の旭川グランドホテルに入社。ホテル内のフランス料理のレストランでソムリエとして勤めてきた。しかし、ずっと働いてきたそのレストランが閉鎖になるなど、ここ数年は職場環境の変化と向き合ってきた。

星野リゾートの運営への変更が決まったとき、「何かが変わりそうだ」と、小野寺は期待感を持った。星野リゾートが北海道でトマム（北海道占冠村）を再生したことを、小野寺はテレビ番組を通じてそれなりに知っていた。このため不安よりも「道外の、かなり大きいところに変わったなというのが素直な印象。それまでいろいろやってきたが、うまくいかなかったし、こういう言い方は変かもしれないが、星野リゾートになってどう変わるのか、それが見てみたいし、それを自分でもやってみたい」という興味のほうが強かった。いろいろな仕事を兼務するという星野リゾートの働き方である「マルチタスク」はテレビで見て知っていたし、自分でもどんな会社なのかをインターネットなどで調べたりした。

代表の星野から最初の説明があるという日。普段着の男性がすっとオフィスに入って来ると、小野寺の隣に座ってノートパソコンを広げた。「誰なのか」と思ったが、よくわからなかった。

料飲部門に所属する小野寺雅昭は50代で地元旭川出身。星野リゾートの運営への変更が決まったとき、「何かが変わりそうだ」と期待感を持ったという

しばらくしてこの男性が星野だと知ったとき、小野寺はただ驚くしかなかった。それまでホテルの経営陣は仕切りに囲われた別室で仕事をしており、現場とは遠い存在だった。

「なんだこれは……いったい、なんなのだろう」

星野はこの日、「フラットな組織」の導入を宣言することから始めた。星野リゾートではさまざまな経営情報を公開。スタッフはお互いに言いたいことを、言いたいときに、言いたい人に言いながら業務の改善を進める。そのためのツールとして一人ひとりがメールアドレスを与えられ、社員は突然、星野リゾート流で自由に議論するフラットな組織に置かれた。

説明を聞いていた小野寺は「情報共有はすごくいい」と思った。いろいろなことができそうだと感じた。その一方で、会社を紹介する映像には愕然とした。年齢に関係なく自由に発言するスタッフの姿に対して、正直なところ「なんだこれは……いったい、なんなのだろう」と思った。

小野寺にとって、星野リゾートのフラットな組織はそれだけ違和感があった。

ただし、これは小野寺だけの話ではない。既存施設の運営に着手する場合、それまでの働き方に慣れたスタッフのなかにはフラットな組織になじむまでに時間がかかる人がいる。なかには、どうしても受け入れられず、辞めるスタッフが出てくることもある。フラットな組織だけが原因ではないが、旭川の場合、運営が変わってから10人ほどが会社を去った。「それでも星野リゾートにとって大きなバリューであり、やってもらうしかない。だからフラットな組織の導入はいつもトップダウンで行う」と星野は話す。

総支配人の日生下和夫は前職もホテルで、星野リゾートに移った後、２００８年から界出雲（島根県松江市）、界日光（栃木県日光市）などで総支配人を務めてきた。日生下は赴任するとすぐ、フラットな組織を徹底するためにそれまであった支配人室の壁を取り払った。そして、スタッフと同じ環境で働く形に改めた。日生下は星野のリクエストも踏まえ、約２００人のスタッフからコンセプト委員会のメンバー選びに着手。メンバーは立候補でも募った。最終的に若手からベテランまで年齢が多様で、部門もさまざまな社員約30人を選んだ。今回は規模が大きいため、まずはコンセプト委員会を宿泊とレストランの２つに分けた。

小野寺はレストランのコンセプト委員会のメンバーに選ばれた。ただし立候補したわけではなかった。「いろいろなキャリアの人を選ぶなかで、50代の自分も入れてみたらどうか、となったのではないかと思う」と話す。それまでレストランのメニュー企画などの経験はあった。しかし、ホテル全体について考えるのは、ベテランの小野寺にとっても初めてだった。別のスタッフはこう言う。「それまで会社の売り上げ目標や部門ごとの予算があり、それを達成するために何をしようかということはあった。しかし、コンセプトを自分たちでつくり上げるとか、それに向かって何ができるかなんて、考えたことも話したこともなかった」

最初のコンセプト委員会では、フラットな組織に慣れていないため、スタッフはあまり発言しなかった。同席する上司の目を気にする人もいた。それでもグループごとに「競合について調べる」「市場を調べる」などの「宿題」が出され、次回までに調べて結果を発表することになった。当初はぎこちなかったが、これを繰り返すうちにスタッフは次第に慣れ、少しずつ話し始めるようになった。多くの既存案件に携わった星野リゾートのスタッフによると、どの施設もまず口火を切るように話し始める人が１人、２人出てくることから議論が動き出す。星野は後に「やはり旭川でも、そんなスタッフが出てくることから始まった」と振り返る。

小野寺にとって、多くのスタッフを前に発言するのは勇気が必要だった。それでも少しずつ意見を出したり、それぞれの出したプランに点数をつけ合ったりしていくうちに何とか慣れていった。スタッフからの質問にフランクに答える星野の姿を見ているうちに、星野リゾートでの物事の進め方を理解していった。

フラットな組織は徹底していて、星野リゾートでは星野はいつもスタッフと本気で議論する。「『スタッフに意見を出していただき、私は思っていることを言わない』などというのではない。フラットな組織というのは、お互いに言いたいことを言える組織文化があるということ。だから私もどんどん言っているし、そう簡単に議論で負けると思っていない」と笑う。会議の場でス

OMO7旭川は繁華街に近く、周囲にはディープな魅力の店が多数ある

タッフが星野の意見に反論することもある。

スクラムを組み直す

旭川のコンセプト委員会にとって大きなテーマは、事業構造を見直すことだった。旭川には宿泊、料飲、宴会、婚礼の4部門がある。かつてはそれぞれがうまく連携していたはずだが、時代の変化とともにそれが崩れかけていた。例えば、北海道以外からの来訪者も多い宿泊に対し、ほかの部門は周辺のエリアから集客していた。そんななかでそれぞれがバラバラに動き、少しずつ近隣の競合にシェアを奪われる状況だった。宿泊はJR旭川駅に近い宿泊専業のホテルに顧客を奪われ、ブライダルは専門業者に一部を奪われ、宴会やレストランも近隣の専門業者や専門店にシェアを奪われていた。「典型的な地方のグランドホテル」のため多様な部門があるものの、シナジー効果はあまりなくそれぞれが小さな競合と戦い、少しずつ負けるようになっていた。黒字を維持してはいたが、ビジネスモデルは耐用年数を超えようとしていた。

星野は「状況を変えるにはそれまでの部門のあり方や部門間の関係を見直し、一体となって相乗効果を出して競合に向かうべきだ」と考えた。どうしたらトータルな力で顧客に価値を提供できるか。

このとき星野が掲げたキーワードが「スクラムを組み直す」だ。

詳細に見たところ、「遠方からの宿泊」、「近隣の宴会とブライダル」に比べると、レストランは位置づけがあいまいであり、収益も厳しかった。レストランはこれまで観光客を意識し、北海道ならではの海鮮料理などを提供していた。しかし、専門店に勝つのは難しく、いろいろな工夫をしてもうまくいかなかった。このため、少しでも売り上げを確保しようと地元客向けのメニューも同時に提供しており、ちぐはぐな印象はいなめなかった。都市観光にかじを切る以上、改めて観光目的の宿泊者に対して何を提供したらよいかを見つめ直さなければならない。では、都市観光ホテルにおけるレストランの機能をどう再定義するか。こう考えると、観光客向けとして想定していた「北海道らしいメニュー」自体、レストラン側の視点から「何を食べていただきたいか」というプロダクトアウトの発想になっていた可能性がある。また、これまでの経験からスタッフも「観光客向けならば、ずっとやっていた」という気持ちがあった。

進むべき方向の手がかりをつかむうえで重要なのがデータだ。このときポイントになったのが宿泊客との関係。旭川ではこれまで宿泊客のうち、施設内に3カ所あるレストランを利用する人は合わせても1割にとどまっていた。これをどう考えるべきか。北海道らしいメニューの提供が正しかったのか、そうではなかったのか。1割しかいないのは、もっと違う理由があるのか。星野は「自分が旅をしたときにどういう行動をしたいかを考えよう。旅行先に行ったときに本当に食べたいものは何か。そこから考えていこう」と呼びかけた。

具体的に考えるために、委員会のメンバーにアンケートをとることになった。その結果は衝撃的だった。9割以上が「宿泊施設で食べないで地元の有名店、名物店に行く」という回答になった。星野はその結果を見てこう言った。

「ホテルで働いている人がこう考えるくらいだから、これじゃあ、勝てるはずがない」

なぜそうなったのか。コンセプト委員会のメンバーは今度は宿泊客が到着してからのタイムスケジュールを頭に浮かべながら議論を進めた。17~18時にホテルに到着した場合、18時すぎからディナーでこのホテルのレストランを利用すると、食べ終わるのは20~21時になる。宿泊客がそれから街に出かけたとしても、閉店している店がたくさんある。これではせっかく旭川に来たのに、街を楽しめないのではないか——。自然な流れのなかで「都市を観光するホテルに変わるのだとすると、今までのやり方はマイナスになっているのではないか」という声が出てきた。

もう1つ発想の軸になったのがホテルのロケーションだ。旭川駅などからやや離れているものの、繁華街に近く、その分、周辺にはさまざまな個性的な店舗がある。星野は「都市を観光するという視点からすると、ディープな店のあるこのホテルのロケーションは顧客に選ばれる理由になる」ととらえた。実際、星野は旭川に来たとき、カウンターに3席ほどしかない、地元の常連ばかりの店にも顔を出し、街の魅力を体感していた。

「では、どんな手を打つべきか」。それが旭川のスタッフにとって次のコンセプト委員会までの「宿題」になった。時間と場所の両面から考えていくうちに、スタッフの議論は「変な言い方かもしれないが、街の店とお客様を取り合うのでなく、むしろもっと〝仲間〟になったほうがいいのではないか」「外の名物店をはしごするコースをつくったらどうか」といった声が次々に出た。街を楽しむホテルになるために、スタッフは自由に発言し続けた。

ユニークすぎる提案に、星野も「それで大丈夫?」

次のコンセプト委員会の当日。メンバーの1人がプレゼンテーションで星野を前に「せっかくユニークな店がたくさん近くにあるのだから、宿泊のお客様はホテルで食事するのでなく街に出て食事をして滞在を楽しんでもらったらどうか」と提案した。ベテランの小野寺はこのプランに驚き、反発を感じた。「理屈はそうかもしれないが、レストランで働いてきた立場としては、これでは戦わないで白旗をあげるようなものだ。もうできないから、と周りと仲よくしようとしているような気がして、正直なところ抵抗感もある」

ユニークな戦略を次々に打ち出してきた星野にとっても、思いがけないアイデアだったのだろう。提案を聞くと、こう言った。

「それで大丈夫？」

だが、フラットな組織の自由な議論から出てきたアイデアに対して、スタッフの気持ちは前向きだった。ホテルに到着してからの宿泊客の動きを細かくシミュレーションしており、メンバーの説明も説得力があった。ディナーの廃止は考えたことのない方向だったが、詳しい説明を聞くうちに次第に星野は「それは面白い考え方だ」と理解を示し始めた。

ただし、宿泊客が外で食べる場合、ホテルのレストランはディナーを提供しないことになる。ホテルにとっては客単価が下がることにもなりかねず、総支配人の日生下は星野とメンバーの様子に少しドキドキしてきた。「そもそもディナーをなくして、ホテルのレストランとして成り立つのか。ディナーがないことが、都市のホテルにとって本当にいいことなのか」

一方、スタッフが旭川を観光する宿泊客の目線で何が一番いいのかを考えていることは、日生下によく伝わってきた。「旭川の街を楽しんでもらいたい」というスタッフの声に押されるように、この日の会議の最後に星野は宣言した。

「では、宿泊客のディナーはやめ、『外に出てもらう』ことにしよう」

日生下は冷静にホテルにある３カ所のレストランの収支を見つめた。３カ所のうち、上層階にある中華と和食は地元客をそれなりにつかんでいた。このため、従来の方向を進めていけば営業は継続できるし、収益を高める可能性もある。これに対し、１階のレストランはホテルの顔というべき位置にあるが、地元客のディナーでの利用は少ない。宿泊客に夕食を外で食べてもらえば、ディナーの提供自体が確かに不要になる。「だからと言ってホテルにとって一番目立つ位置にある1階のレストランが夜のディナータイムに本当に営業しなくていいのか」

次回の会議では、ディナーを廃止したときの1階のレストランのあり方が大きなテーマになった。コンセプト委員会の始まった当初は紙ベースの資料配付が多かった。それがこのころには、パソコンを使って資料をスクリーンに投影したり、ホワイトボードで自分の意見や議論を整理しながら話す星野リゾートで一般的なスタイルに変わってきていた。

1階のレストランはロビーを含めて都市観光に向けて改装することが決まっていた。歴史あるロビーの様子は地元では愛着を持つ人が少なくない。それだけに、改装する以上、新たな魅力を打ち出す必要がある。改めて都市観光をキーワードに議論すると、進むべき方向が徐々に見えてきた。宿泊客に街歩きを楽しんでもらいながら、ホテルとしてのサービスが可能なのはどんなタイミングになるのか。スタッフはもう一度、宿泊客のタイムテーブルに注目した。浮上したのが街歩きの前後だ。ここにこそ、1階のレストランが夕方から夜にかけて、生きる道がある――。

具体的には、街に出る前に気軽に立ち寄ってもらい、ワインと生ハムを楽しんでもらう。そして街歩きから帰ってからは、デザートを楽しんでもらう。では、それ以外の時間はどうするか。顧客目線でレストランの役割を考えてみると、おいしい朝食を提供する場という視点は都市のホテルとして重要な軸になるはずだ。一連の話し合いを踏まえて、またディナーをやめることも勘案した結果、1階のレストランは時間帯ごとのスタッフの配置を見直し、夜の時間帯に配置するスタッフを減らす代わりに朝に配置のスタッフを大きく増やすことにした。またランチには地元の顧客をターゲットに集客を高める方針も決まった。

次第に「比較的収益力のある宿泊の魅力を高める」というレストランの役割が浮き彫りになった。地域のニーズに限られる宴会部門と比べると、外から人がやってくる宿泊部門は伸びしろが大きく、いっそうレストランとの連携が大切になってくる。議論を重ねるうち、部門ごとに収益を追うのではなく、各部門が連携して収益を高める「スクラムを組み直す」戦略がスタッフに浸透していった。

「いっしょに仕事をする感覚が生まれた」

最初は戸惑っていたベテランの小野寺は皆の話を聞くうちにわくわくしてきた。以前は言われたことをするだけのため、何かあると「聞いている」「いや聞いていない」となりがちだった。それがロジカルに考えて全員で話して合意して決めていくうちに、いっしょに仕事をしていく感覚になった。「これまでどんなに頑張っても既存の枠から出ることはなかったのが、大きく変わろうとしている」

レストランのあり方を見つめ直すなかでは同時に、都市観光のホテルとして、街とホテルを一体ととらえて滞在を楽しんでもらう方向が固まった。それが「まちなかみつけたび」というこのホテルのコンセプトとしてまとまり、さらに「寝るだけでは終わらせない、旅のテンションを上げる都市観光ホテル」というＯＭＯブランド全体のコンセプトにつながった。

星野リゾートがユニークなのは新ブランドの立ち上げにあたり、最初からすべてを決めるのではないことだ。実際のホテルでの取り組みを通じて「テンションを上げる都市観光」とは何かを考え、その中身を高めていく。方向性がこうして固まり、星野は「都市を観光するこれまでにないホテルになる」と満足そうに話した。

ＯＭＯ７旭川で「まちなかみつけたび」を実践するために、まず近くの大学のゼミの協力でホテルの周辺にある店を調査してもらうことから始めた。その結果をベースに、今度は15人ほどのホテルのスタッフがそれぞれの知識を持ち寄り、宿泊客が街歩きの際に立ち寄る候補先を決め、協力してくれるところを一店ずつ足で開拓した。

小野寺はここでもその一員になった。ＯＭＯ７旭川は前経営時から働くスタッフも多いが、若いスタッフは意外なほど近隣のディープな店に行ったことすらなかった。一方、ベテランの小野寺は地元の店には顔見知りがたくさんいる。経営体制は変わったものの、ホテル自体は長く地元に親しまれてきたため、地域での知名度や信頼感が高いという強みもある。店によってはインバウンド（訪日外国人）対応に限界があることなどを理由に断られることもあったが、前経営時代から地域に根を張ってきたため、スムーズに進むことが多かった。

1階のレストランは新しい役割に合わせて改装。「ＯＭＯカフェ＆バル」となり、小野寺はここに勤務することになった。さまざまな業務を兼務する星野リゾート流の働き方であるマルチタスクもスタート。小野寺はこれまでレストラン内のサービスだけにかかわっていたが、調理の一部も担当するようになった。「いっしょに仕事をする感覚が生まれ、調理とサービスの協力体制が組みやすくなった」という小野寺は、ソムリエとしての知識を生かして北海道のワインを取り入れるなど、自分の意見もどんどん出すようになった。スタッフのなかには「これはできない」とやめる人もいたが、多くのスタッフがそのまま残った。「協力体制というか、考え方が変わった。以前は自分の部署のことだけを考えて他部署には『これをやってよ』と何か頼む感覚だったが、最近は同じチームとして『これをやりたいんだけど、どうやったらいいだろうか』と相談する言葉になってきている」と小野寺は言う。別のスタッフは「自分たちが次に何をすべきか、ステップアップの基準がわかりやすいので、働きやすくなった」と話す。

ＯＭＯ７旭川は都市観光ホテルとして歩み始めたが、小野寺はここからさらなるチャレンジに踏み出す。むしろ小野寺個人にとってはここから先の取り組みのほうが、より大きなチャレンジになった。

中年ＯＭＯレンジャーの誕生

都市での観光を楽しんでもらうＯＭＯのコンセプトに合わせ、街の案内役として5色のユニフォームを着た「ご近所ガイドＯＭＯレンジャー」を置くことが決定。通常のホテルのコンシェルジュのように店を予約したり教えたりするだけでなく、ＯＭＯレンジャーは顧客と実際にいっしょに歩きながら街を案内するのが役割だ。ユニフォームは色ごとに赤が「お酒を出すお店の案内」、黄色が「定番のグルメ」、緑が「まちなか散歩」などそれぞれ意味を持たせており、いろいろな角度から街を楽しんでもらう。そしてこのとき、店舗発掘の流れでそれぞれの店をよく知るベテランの小野寺も、飲食サービスと同時にＯＭＯレンジャーの1人として活動することが決まったのだ。ソムリエの小野寺が担当するのは赤のＯＭＯレンジャー。赤いユニフォームを着て、宿泊客と街を歩く日々が始まった。

　ホテル内でエレガントにサービスするのとＯＭＯレンジャーとして街を回るのはかなり違うようにも見える。しかし、それまで一連の改革に現場からかかわっていた小野寺にとって、ＯＭＯレンジャーの一員になることは意外なくらい抵抗感がなかったという。「気恥ずかしさ？　それ

1階のレストランは新しい役割に合わせて改装。「OMOカフェ&バル」となり、小野寺はここに勤務することになった

はない。ソムリエの根幹はサービスマン。ワインの知識を示すのでなく、お客様に楽しんでもらうことが大切だとずっと思ってきた。これまでしてきたことと多少は違うかもしれないが、楽しんでもらうという点では、ＯＭＯレンジャーも同じだ」と話す。街案内をしながら、プロの目線から見た店の特徴を伝える。案内した店にいっしょに入ると、顧客にお酒や食事を楽しんでもらいながら、地元にいるからこそ知る旭川のいろいろな魅力を話す。「それでも『勉強になった』と言われたら自分の負けだと思う。『今日は楽しかった』と言われたら、いいサービスができたなと感じる」。正直に言えば、ここまでやってみようと思ったのには年齢の問題もあった。50代の小野寺にとって、別のホテルなどに転職して一からスタートするには、やや自信がなかった。それならば、ずっと働いてきたホテルがどう変わるのかを見たいし、自分もそこに参加しよう。そんな気持ちになった。

街案内をしていると、地元の人から「ＯＭＯレンジャーだ」と声をかけられることも出てきた。「最初は驚いたが、思っているよりも多くの人に知られるようになっている」と話す小野寺は「インターネットの情報よりも深い情報がある！」と顧客が喜ぶ姿に楽しさを感じている。例えば、街案内をしながら人気の旭川市旭山動物園を訪問する予定があるとわかった顧客に「水色のバッグを持っていくといいですよ」とアドバイスする。これは動物の食事のとき、飼育員が持ち歩くエサを入れたバケツの色に似ているバッグを持っていると、動物が近づいて来るためだ。こ

街の案内役として５色のユニフォームを着た「ご近所ガイドＯＭＯレンジャー」を置くことが決定（上）。店を予約したり教えたりするだけでなく、顧客といっしょに歩きながら街を案内（イメージ、下）

うしたことはやはり地元に住むスタッフのほうがよく知っている。一方、あくまでもガイド役のため、顧客が食事をする場合に同席はしても食事はしない。このため、雰囲気を守りながら顧客を楽しませることの難しさを感じることもあるという。

ブランド全体に広げる

都市観光ホテルとして再スタートを切ったOMO7旭川にとって、課題は冬場の集客だ。旭山動物園などの観光地が近いこともあり、夏場の稼働率は9割を超えている。これに対して冬はおおむね6割台にとどまる。そこで稼働率を引き上げるために、近隣にあるいくつものスキー場と連携し「都市で滞在してもらいながらスキーを楽しむ魅力」を打ち出していく。スキー場のそばでなくとも宿泊者をスキー場に送るインフラを整えることでスキーを楽しんでもらう手法は、これまでにリゾナーレ八ヶ岳（山梨県北杜市）でも実践して成果を上げたが、OMO7旭川は周囲に魅力的なスキー場がいくつもあるうえ、都市の魅力もある。「都市ですごすスキーリゾートを提案していきたい」と総支配人の日生下は話す。もちろん、都市観光ホテルとしての魅力を高めるには、OMOレンジャーの出番も増えていく。小野寺は、最近では他のスタッフにもどんどん声をかけて新たなOMOレンジャー育成をサポートする。

新しいコンセプトのブランドが旭川から動き出した。特に地方では、いろいろな機能を備えた「グランドホテル」は部門ごとの競争がそれぞれ厳しく、大きな転換点に入っているところが少なくない。そこで星野リゾートは旭川での試行錯誤を経てつくったOMOブランドを今後も広げていく考えだ。一方、都市観光は多様で施設によってサービスの幅に違いがある。違いをわかりやすく示すために星野リゾートはOMOの場合、OMO7旭川やその後に開業したOMO5東京大塚（東京・豊島）のように、ブランドの次に数字を入れる工夫を取り入れている。数字は大きいほど、提供するサービスの幅があることを示す。OMOレンジャーはOMO5東京大塚にも置き、各地でブランドコンセプトの推進役としての役割を担う。

1階レストランのディナー廃止という思い切った判断からの一連の流れについて、「状況を打破するには大胆に向かうべきだと思う。いったん数字が落ちたりするかもしれないが、経営者にリスクをとる覚悟があれば、スタッフは皆やるべきことをやればいい」と星野は話す。

OMO7 旭川

北海道旭川市の都市観光ホテルで、星野リゾートは2017年4月に別の会社から運営を引き継ぎ、18年4月に旭川グランドホテルから現在の名に変更した。星野リゾートにとって4つ目のブランドで都市観光ホテルOMO（おも）の1カ所目となった。

消えたビジネス客

——BEB5土浦

茨城県土浦市

「これはたいへんだ。当初の想定とはあまりにも乖離している……」

星野リゾートのＢＥＢ（ベブ）マーケティングユニットディレクターの鎌倉寛人は２０２０年７月、数カ月前に立ち上がったばかりのＢＥＢ５（ベブファイブ）土浦（茨城県土浦市）の営業データを前に強い危機感を抱いていた。星野リゾートの旅館・ホテルのブランドのうち、ＢＥＢは19年からスタートし、鎌倉がＢＥＢブランドのマーケティング戦略の責任者を務める。サービスの発想は現場のスタッフらが主に担当、鎌倉は東京のマーケティンググループで価格や販売方式の調整、プロモーションなどを担当する。

若年層向けの新ブランド

学生時代に星野リゾートに興味があった鎌倉は人材募集のメールに登録していたが、大学卒業後はネット広告会社に入った。次第に「飲食店をやりたい」と考えるようになり、イタリア料理店に転職。やがて結婚が決まり、結婚式の会場の下見に行ったのが軽井沢の星野エリアにある教会だった。偶然その帰りに星野リゾートから人材募集のメールが届き「縁があるかもしれない」と考え、入社を決めた。軽井沢に置くブライダル営業や界箱根（神奈川県箱根町）などを経てマーケティンググループの一員となった。

BEBマーケティングユニットディレクターの鎌倉寛人。価格や販売方式の調整、プロモーションなどを担当する

鎌倉は早い段階からＢＥＢブランドにかかわってきた。星野リゾート代表の星野佳路が若年層向けにＢＥＢを立ち上げようと考えたのは、若年層の旅行需要を開拓しないと将来的に事業が先細りになると考えたからだった。若年層の旅行参加率は減少傾向にあり、「まず旅の楽しさを知ってもらおう」と発想。実際に泊まって星野リゾートのファンになってもらい、将来的に温泉旅館やリゾートの需要にもつなげようと考えた。星野リゾートは若者が利用しやすい価格帯の施設が限られていることも、ＢＥＢの立ち上げを後押しした。

　新ブランドの立ち上げには苦労した。当初から若年層向けを掲げてはいた。しかし、１カ所目のＢＥＢ５軽井沢（長野県軽井沢町）が19年2月に開業する２カ月前、若年層を対象に調査を実施したところ、想定していた若年層のイメージとギャップがいくつも見つかった。鎌倉はそれまで若年層にとっての旅の大きな楽しみが「出会い」にあるととらえていた。海外ではロビーなどを宿泊客以外にも広く開放して宿泊客同士や地元の人との交流が人気のホテルが増えてきている。国内でもこうした交流タイプのホテルをつくれば若年層の心をとらえられると考えていた。

　しかし、実際の若年層はそうではなかった。海外では若年層は知らない人との交流を楽しむが、日本の若年層は気の合う仲間と楽しむことを重視していた。知らない人との交流にはあまり関心がなく、いっしょにすごしたいと考えるのはあくまでも「いつものメンバー」だった。「若者の気持ちが全然わかっていなかった」。こう気づいた鎌倉はコンセプトを本格的に練り直した。軽井沢での開業が迫っていたが、「星野リゾートは魅力をギリギリまで煮詰めてから世の中に出していくスタイル。たいへんだったが、違和感なく最適化を進めることができた」と鎌倉は話す。

ポイントは、若年層が旅行を計画するときに「誰と何をするか」を重視することだった。「どこに行くのか」は最優先事項ではないし、旅先での出会いも求めていない。もっと言えば、旅自体にもあまり興味がない。近くでいいから、いつもの仲間と楽しい時間をすごしたい人が多い。楽しい時間をすごせるならばわざわざ旅に行く必要はなく、公園に出かけたりカラオケに行くのでもかまわない、という考え方が目立った。

ここから出てきたブランドのコンセプトが「居酒屋以上　旅未満」。若年層はあくまでも気心の知れた仲間と少し長い時間をすごしたいと思っており、それは居酒屋を利用する感覚に近い。「居酒屋に行くくらい気軽に、もう少し足を延ばすこと」を新しい旅の位置づけとし、ホテルを「仲間と何をしてもいいし、あるいは何もしなくてもいい場所」と定義。できるだけルーズに楽しい時間をすごしてもらおう、と考えた。この視点から、サービスのあり方も見つめ直した。星野リゾートのほかの施設の場合、施設側から「こんな楽しみがあります」と魅力を提案して発信するスタイルだが、ＢＥＢではむしろルールや制約の排除がサービスの基本方針になった。

ＢＥＢ５軽井沢の総支配人になった大塚駿亮は、若年層に旅の面白さを伝えるため知恵を絞った。スタッフと「自分の旅でどんなことが印象に残っているか」を話すうち、わかってきたのは旅先での思いがけない出来事をよく記憶していること。あらかじめ決めた計画通りに旅先を回った話をするよりも、「トラブルに巻き込まれてたいへんだった」「アクシデントを経験した」などを生き生きと語る人が多かった。ここから議論が深まり「アクシデント、ハプニングをホテルからしかけたら、ＢＥＢのお客様ならば喜んでくれるのではないか」と考えた。

ある日の会議で星野に話すと、ＢＥＢのターゲット層でない星野は「何が面白いのかわからない」と、乗り気ではなかった。それでもマーケティング担当の鎌倉は「お客様が楽しんでくれるはずだという現地の感覚があるし、ＢＥＢの目玉になりそうだ」と考え、現場の提案を後押しした。最終的にここからできた新サービスが「ハプニングステイ」だ。ホテルで実際に起こるトラブルを参考にしながら、例えば部屋のカードキーが両手で抱えるほど巨大だったり、部屋番号が計算しないとわからない形で表示されていたりするなど、宿泊客が楽しめる工夫を盛り込んだ。開始直後からツイッターなどのＳＮＳで大きな反響を集め、ＢＥＢ５軽井沢の人気サービスに成長した。

出張のビジネス客がいない……

試行錯誤しながらＢＥＢ５軽井沢の収益力が高まるなか、ＢＥＢブランドの２カ所目として、

BEB5土浦は「自転車を楽しむホテル」がテーマで、「合言葉」は「ハマる輪泊（りんぱく）」。客室内には自転車を持ち込める

ＢＥＢ5土浦の開業が決定。鎌倉は「ここでも特徴ある施設づくりを進めよう」と意気込んだ。ＢＥＢ5土浦ができるのは、ＪＲ常磐線の土浦駅にある駅ビルで客室数は90。「自転車を楽しむホテル」がテーマで、「合言葉」は「ハマる輪泊（りんぱく）」とした。館内には自転車を持ち込みできるほか、いつでも自由に利用できる整備コーナーもある。ＢＥＢの「ルーズ」なすごし方ができるのは軽井沢と共通であり、そのための工夫も取り入れている。

鎌倉はパソコンを使って周辺の観光施設や競合などのデータを得ながら、マーケティング戦略を練った。土浦駅に直結し利便性は非常に高く、自転車を強く打ち出しつつ、ＢＥＢ5土浦の集客をビジネス客7割、自転車関連2割、若年層1割ほどと見込み、準備を着々と進行した。当時はデスクで仕事を進めることのほうが多く、「今思えばパソコンで調べて、うまくつじつまを合わせてストーリーをつくっていた」と鎌倉は自戒を込めて語る。

ＢＥＢ5土浦は20年3月にまず宿泊が可能な客室数を制限する「ソフトオープン」という形で営業をスタートした。ところがこれがコロナ禍の感染の拡大期と重なり、屋台骨のはずのビジネス客が企業の出張中止の影響でほとんどいなかった。4月、5月の稼働率は1ケタ台に低迷。鎌倉はいきなり大きな危機感を持った。何とかしようと、データなどに基づいて新たな戦略を立て、プレゼンを繰り返した。「しかし、話している自分が〝これをやっていれば伸びる〟という確信がまったく持てないままだった。さらに言えば、それまで考えていたことも改善策も机上の空論だった」

緊急事態宣言が解除されると、観光地としても知名度のある軽井沢にあるＢＥＢ５軽井沢の稼働率は比較的、順調に回復していった。しかし、土浦は状況があまり変わらず、危機感はさらに深まった。「このままではコロナ禍が終わったとしても、人が来るイメージがない……」

わずかな集客を分析すると、そこから浮かぶのは自転車を楽しむサイクリストと若年層だった。ビジネス客が厳しい以上、本格的にサイクリストと若年層の集客を伸ばす戦略にかじを切るしかない――。星野に話すと「確かにそうだ」と賛同。そこでＢＥＢ５土浦に来ているサイクリスト、若年層がどんな人なのか詳しく知ろうとパソコンを使って調べた。しかし、どれだけキーボードをたたいて調べても、具体的なイメージが全然わかなかった。ターゲット像はぼんやりしたままの状態であり、「顔が見えず声も聞こえない」。現地のスタッフに聞いても状況は変わらなかった。鎌倉は考えれば考えるほど「では何をすべきか」がまったくわからなくなった。

悩んで眠れなくなった鎌倉は思い切って星野を前に「戦略を更新できないので、明確にしてきます」と宣言。現地に足を運ぶことを決めた。現地にはスタッフがいる以上、自分が行くことに戸惑いもあったが「マーケティング戦略の責任者として自分が納得できる戦略をつくらないことには進まない。そのためには自分で現場を見たほうが早い」と判断した。

中途半端に行っても意味がない。そう考えた鎌倉はこのとき「現地にしばらく滞在させてほしい」と社内にかけ合った。マーケティング目的で期限を決めずに滞在する前例はなかったが、何とかOKが出た。現地では自らもBEB5土浦に宿泊しながら、できる限り情報収集することを計画。いわば「住み込み」の形で7月、鎌倉のBEB5土浦での日々がスタートした。

自転車で霞ヶ浦を走って知ったこと

日中はロビー前のスペースで業務をこなしながら、鎌倉は宿泊客を見かけるたびに声をかけて話を聞いた。すると、いろいろなことがわかってきた。例えば、鎌倉はそれまでサイクリストを漠然と「気軽に自転車を楽しむ人」ととらえていた。しかし、話してみると、スピードを追求する本気度の高い人が多いことがわかった。鎌倉はわかりやすくとらえるために「レーサー」と名づけた。レーサーのなかには「滞在中、トレーニングを兼ねて霞ヶ浦を何周もする」という人もいるなど、思っていた以上に本格的に取り組む人が目立った。

若年層ではもともと、首都圏からの大学生、社会人になって数年の男女グループを想定していた。しかし、現地でいろいろ聞いてみると、実際には茨城県内のカップル、そしてJR常磐線の沿線に住む人の女子会が多いことがわかってきた。女子会で利用の、ある宿泊者は「居酒屋やカラオケに行くよりコスパがいい。しかもホテルなのでコロナ対策が徹底される」と話していた。

ビジネス関連は当初想定していた出張客は少なく、フリーランサーが館内で仕事をしながら滞在する姿が目立った。

「宿泊者のカテゴリー自体は想定通りだったが、カテゴリーの中のどんな層なのかについてはギャップがあった」と鎌倉は話す。館内にある自転車の整備スペース、電子レンジや製氷機があるスペースなどでも話を聞いた。宿泊客との会話からいろいろなヒントが浮かび上がってきた。

「イメージをもっと具体的に固めるには、宿泊施設内の様子を見るだけでは不十分だ」と鎌倉は考え、ガイドブックに載っている人気の飲食店やスーパー、自転車店などを見て回り話を聞いた。

自分でも自転車に乗って走り、サイクリストの来訪が多い霞ヶ浦は何時間もかけて回った。平坦な道が続く様子を体感し、BEB5土浦の宿泊客に「レーサー」が多い理由がわかる気がした。筑波山周辺も走行しながら、サイクリストにどんどん声をかけた。BEB5土浦が入居する駅ビルなどでもいろいろな人にインタビューし、日々新しい気づきを蓄積した。周囲の競合ホテルも見に行った。土浦に来て3日、4日とすぎても、気づきは増えるばかりだった。鎌倉は「まだここでは終えられない」という思いが強かった。そこで、その時点で気づいている内容を詳しく伝えながら滞在の意義を説明して延長を申請。認められた鎌倉はその後も延長を繰り返した。

いつのまにかBEB5土浦での住み込み生活は1カ月になろうとしていた。「話を聞く人数が増えるほど、マーケットの理解が深まり、自信のようなものが出てきた」と鎌倉は振り返る。次第にターゲットにすべき自転車関係者や若年層の姿が明確に浮かび上がってきた。「あらかた聞き終えた」感触が出てきた鎌倉は「そろそろ切り上げる」と伝え、30日の滞在を経て納得感を持ってマーケティンググループに戻った。

「美ふくらはぎステイ」も登場

滞在中、鎌倉は宿泊客の構成やそれぞれのニーズを把握し、それを生かす方法がおおまかに見えた。帰ってから具体的なプランとしてまとめ、星野を交えて話し合った。星野は鎌倉が１カ月も住み込みでＢＥＢ５土浦に滞在したことをこのとき初めて知った。そして「そんなに長く滞在していたのか」と驚いた。住み込みの意義は想定していた以上に大きく、現地で鎌倉がつかんだことを生かしながらニーズやターゲット、集客の方法などを見極め、現場スタッフと滞在モデルに落とし込んだ。その結果、ＢＥＢ５土浦に次々とユニークな新サービスが生まれた。「住み込んだことで間違いなく市場の理解が深まり、自信を持って戦略を更新するようになった。迷ったときには具体的な宿泊客の顔や言葉を思い浮かべながら考える」と鎌倉は話す。

自転車関連ではレーサータイプの人も「ホテルからのおすすめのルートや提案などがあるとうれしい」と考えていることがわかり、そこからできたのが「美ふくらはぎステイ」だ。最大斜度

BEB5土浦のエントランス。筑波山のヒルクライムコースを自転車で走り、ふくらはぎを最高の状態に仕上げたうえで、自慢のふくらはぎをプロのカメラマンに撮影してもらう「美ふくらはぎステイ」プランもある

が25％を超える筑波山のヒルクライムコースを自転車で走り、ふくらはぎを最高の状態に仕上げたうえで、自慢のふくらはぎをプロのカメラマンに撮影してもらうプランで、ストイックに走り込んで脚を鍛えているサイクリスト向けだ。また「傷みやすいサイクリングウエアは自分で手洗いするので、部屋でしっかり乾かしたい」という声に対しては、ハンガーやサーキュレーター、シューズの乾燥機などを取り入れながら、きめ細かなサービス体制を整えた。思いがけない出会いもあり、撮影で滞在していた自転車のホイールの世界的なメーカーの関係者と鎌倉は知り合った。これがきっかけになり、自転車関連の大規模なイベント開催にもつながった。

若年層向けでは例えば女子会の場合、客室にこもって朝まですごすことは早い段階でわかったが、具体的にどう楽しんでいるかまではなかなかわからなかった。いろいろな話を聞きながら滞在を楽しむために必要なものを確かめた。ここからできたのが「29歳以下エコひいき×ホテルで楽しまナイト」。このプランでは「楽しまナイトセット」として、グラスや皿のほか、買い出しやデリバリーサービスの注文に便利な案内地図などを貸し出すサービスを行う。

1カ月の滞在を契機に、マーケティングのあり方も見直した。例えばプロモーションはもともとＢＥＢブランドのコンセプトに合わせてＳＮＳを中心にウエブ媒体を活用して気軽な旅を発信していた。しかし滞在中の会話などから例えば、自転車のレーサー向けにはネット、専門誌、口コミという3大要素での発信が必要になることがわかった。首都圏の自転車ショップで行われる走行会やレースイベントへの展開なども考えるようになった。

「働き方も変わってくると思う」

星野は「正しいロジック、説得力のあるロジックをつくるためには、現場を正しく把握することが必要になる。施設の魅力は数値化しにくい分、そこはやはり感性にかかってくるが、完成度を高めるには、パソコンのキーボードをたたいているだけではできない。実際のお客様を知ることが大切になってくる。ここがしっかりできればこだわりを持って話すことができる分、会議などで反論されたときも、崩れなくなる」と話す。鎌倉の場合、思い切って納得いくまで1カ月住み込んだことがそのための大きなきっかけになった。

BEB5土浦は20年10月、グランドオープン。さまざまな戦略の見直しによって稼働率や顧客満足度は上昇し、1年先までの予約数は2倍以上に伸びた。集客は自転車関連3割、若年層3割、ビジネス客が3割となっており、ビジネス客に頼らない運営が軌道に乗ってきた。「マーケティング的な発想だけでアイデアを出しても机上の空論になる。そのことが住み込みを続けてわかった。今後の自分自身の働き方も変わってくると思う」と鎌倉は話す。

BEB5土浦

2020年に茨木県土浦市で開業。星野リゾートの若者向けブランドである BEBの2カ所目で、JR土浦駅の駅ビル内にある。自転車を楽しむホテルで、「合言葉」は「ハマる輪泊(りんぱく)」。

寒風の絶景温泉

——界箱根

神奈川県箱根町

「さ、寒い。寒すぎる……」

界箱根の総支配人、池上真敬は２０１３年に赴任早々、宿泊者からのこんな声を何度も聞いた。池上が赴任したのは12月のことであり、クレームはいずれも大浴場を利用した人からの声だった。なかには「親を連れて来ようと思ったが、これでは無理だ」「寒くて体調を壊してしまう」という人もいた。「すぐに手を打たなければならない」と池上は危機感を持った。

界箱根は星野リゾートの温泉旅館ブランド、界の施設の1つで、箱根エリアの玄関口である箱根湯本にある。緑豊かな山々と須雲川を臨む場所に位置し、館内は地元の工芸品である寄せ木細工や小田原ちょうちんなどで飾られている。もともと別の会社が運営していたが、12年から星野リゾートが手がけるようになり、今の施設名に変更した。

池上は星野リゾートに運営が変わってから2代目の総支配人だ。稼働率は好調であり、顧客満足度も高かったが、冬場の大浴場には大きな課題を抱えていた。

界箱根の大浴場は半露天式となっている。湯船や洗い場は建物内にあるが、川に面した方向がオープンという構造だ。川側には壁やガラス戸などがないため、1年を通じて温泉につかりながら外の自然を楽しむことができる。その眺めはまるで1枚の風景画のように美しい。界箱根を代表する風景として人気が高く、星野リゾートは界ブランドを紹介する際、その眺めをブランドを象徴する「キラービジュアル」として使うほどだ。新緑が芽吹く春、緑にあふれた夏、紅葉の秋

界箱根の大浴場は界ブランドを象徴する「キラービジュアル」になっている

と季節ごとにいろいろな風景を楽しむことができる。冬の風景も枯れ木のたたずまいや日によっては雪が積もっている様子が趣深い。

問題は冬の寒さだった。温泉につかっているときはいいが、いざ湯船から出て体を洗おうとするとたいへんだった。川側に壁やガラス戸がなく、洗い場には冷たい風も川から吹きつけ、宿泊者は寒さを我慢しながら体を洗うしかなかった。このため、冬場になると「寒すぎる」「何とかしてほしい」という声が入っていた。

半露天式の構造は前の経営時からであり、星野リゾートに運営が変わってからも変更していなかった。星野リゾートはサービスの品質を高めるために顧客満足度調査を重視しているが、界箱根の大浴場は冬になると顧客満足度が大きく下がり、暖かくなるにつれてまた顧客満足度が上がる状態で、数字上も課題は明白だった。施設全体で見た場合、春から秋の顧客満足度はほかの星野リゾートの施設を大きく上回るにもかかわらず、大浴場の寒さが強まる11月から2月ごろにかけては次第に低下していきアベレージを下回る状態となっていた。

少しでも何とかしようと、それまでもスタッフが話し合い、いろいろな手を打っていた。1つは訪問時にまず大浴場の構造をあらかじめしっかり伝えて理解してもらうこと、もう1つは体や髪を客室の内風呂で洗ってから大浴場に行くのをすすめることだ。それでも大浴場が寒いことには変わりがないため、顧客の不満を解消するのは難しかった。冬になると宿泊客からは「せっかく温泉に来たのに、寒くてくつろげない」「これではたいへんだ」という声が続いていた。

帰ってきた「元若き総支配人」

池上が赴任したのは星野リゾートに運営が変わって1年ほどのときだった。運営を安定させるための試行錯誤の渦中にあり、ほかの課題を優先しなければならない段階だった。このため、大浴場の課題に対してはまだ本格的に手をつけていなかった。それでも就任直後から、顧客の「大浴場が寒い」というクレームを何度も聞いた池上は「何かを変えなければならない」と知恵を絞った。出てきたのが、「客室にある内風呂をもっと使ってもらえるように工夫すること」。具体的には入浴剤を充実させるなど、内風呂の快適性を高めるアイテムをいくつか投入した。しかし、宿泊客は「せっかく温泉に来たのだから、大浴場を楽しみたい」という人が多く、あまり効果がなかった。春になり、顧客満足度は次第に上がっていったが、冬が来たら同じ課題が浮上するのは間違いない。池上は次のシーズンに向けてどんな手を打つべきか、じっくり考え始めた。

1979年生まれの池上はこの時点で30代半ばだった。ほかの旅館・ホテル運営会社の総支配人と比べると若いが、ここまでに星野リゾートでいろいろな経験を積んでいた。池上は新卒で星野リゾートに入社。長野県軽井沢町の日帰り温泉施設「トンボの湯」や山梨県北杜市にあるリゾナーレ八ヶ岳のレストランで現場をまとめるユニットディレクターを務めた後、28歳で界アンジン（静岡県伊東市）の総支配人になった。最近はもっと若い総支配人もいるが、28歳での就任は当時、星野リゾートで最年少だった。

界アンジンでは、既存施設の再生にあたるという大きな役割を任された。しかし、当時は今ほど人材が育っていなかったことから、スタッフは「やる気はあるが経験に乏しい」人が多く結論から言えば、池上はスタッフをまとめきれなかった。このため1年後には近くの界熱海（静岡県熱海市）に異動となり、現場の担当者として再スタートを切った。一般には降格とみなされる人事だが、星野リゾートでは「充電」と呼ばれ、めずらしくない。充電後に再び総支配人を務める人もたくさんいる。池上は充電の時期を「ちょうど自分でも勉強し直さなければと考えているタイミングだった」と振り返る。正直に言えば、くやしさや残念な気持ちがなかったわけではない。それでも状況は自分でもわかっており、納得感はあった。

転機になったのは、異動した界熱海で料理関連の業務知識と経験を高めたことだ。料飲サポートチームからアドバイスを受けながら学び、調理場とサービスの両方でいろいろな役割を担った。その過程では調理師とソムリエの資格も取得。自分なりに「少し整ってきた」という状態となった。そこで、再び総支配人やユニットディレクターを社内公募するプレゼン大会に立候補。磐梯山温泉ホテル（福島県磐梯町）のユニットディレクターに選ばれた。

界箱根の入り口に立つ池上真敬。2018年に異動し、同じ箱根エリアの界仙石原の総支配人を務める

数カ月後に東日本大震災の影響で施設が休館すると、今度は星野リゾートが新たに運営することになった界阿蘇（大分県九重町）に異動。ここで2年半ぶりに総支配人に就任した。界阿蘇では前体制からのスタッフに対して、星野リゾートのフラットな組織を導入することに力を入れた。いろいろな経験を積んだ池上は、今度は界箱根にやってきた。かつての「若き総支配人」は星野リゾートの総支配人としては、中堅からベテランになりつつある。

深夜のテストに星野も参加

界箱根は２０１６年に客室を改装することになり、同じタイミングで課題を抱えていた大浴場も改装が決まった。この段階では、半露天風呂をやめて通常の室内の大浴場にする計画だった。改修工事によって壁やガラスを入れれば確かに冬の寒さは防げるようになる。しかし、これまで界ブランドを象徴してきた「キラービジュアル」の風景を損なう可能性がある。すると冬の顧客満足度が上がったとしても、春から秋の顧客満足度は逆に下がりかねない。販売戦略などを現場といっしょに考える星野リゾートのマーケティングチームは室内の大浴場にする計画に乗り気でなかった。代表の星野も「もう一度考え直したほうがいい」と話した。池上は「確かにそのために工事をするのは安易すぎる。もっといい方法はないか」と思った。

ある日の会議での星野の発言が次のステップのきっかけになった。星野リゾートは創業地の軽井沢で日帰りの温泉施設「トンボの湯」を運営している。星野は「そういえば、トンボの湯は温泉から洗い場に出たとき、冬でもとても暖かい。洗い場が室内だからだとしても、なぜあれほど暖かいのか」と会議のメンバーに問いかけた。かつてトンボの湯を担当した池上には思い当たることがあり、すぐ発言した。「温泉の湯気があるからだと思う」。池上がこう答えると、星野はすぐに「それならば、界箱根の大浴場も湯気が生かせるように、温泉をうまく半分に仕切ったらどうか」と提案した。仕切った内側に洗い場も置けば、温泉からの湯気の効果で内側が暖かくなり体を洗うときも寒くないはずだという。これならば、仕切りの外側ではこれまで通りの眺めを楽しむことができる。大浴場は湯船をはさんで両側に洗い場があるつくりであり、巨大な仕切りがあれば1枚で洗い場も湯船も分けられる。仕切りによって2つの温泉にする提案に対し、池上は「なるほどその手があったか」と思った。

ここから議論は一気に加速していった。ではどんな仕切りにしたらいいのかと具体的に考え始めた。すると課題がいくつも見つかった。例えば、仕切りを入れるとその分、奥行きがなくなるため、これまでとまったく同じ「キラービジュアル」の風景は見えなくなる。しかも、仕切りの内側でお湯につかる人は仕切りがどうしても目に入る。冬の課題を解決するためとはいえ、果たしてこれでいいのか。これに対して、マーケティングチームのスタッフからは「仕切りは固定式にする必要はない。のれんのように取り外しできるようにすればいいのではないか。冬だけのれんをつければいい」というアイデアが出た。池上はよい発想だと直感した。それでもそんなにうまくいくのかどうか。まずはしっかり「のれんとは何か」から考える必要があった。

会議後、池上がいろいろ調べたところによると、のれんは店の入り口にかけられることが多いが、歴史的には暖をとる機能を持っていることがわかった。界箱根の大浴場を仕切るのも、洗い場の寒さのためであり、本来の使い方に近いともいえそうだ。特に川からの風を防ぐのは、のれんの機能と合致していた。

のれんを採用する方向が固まると、今度はどんな素材でどんなデザインののれんをつくるかが焦点になった。池上は「取り外しできるとしても、せっかくのキラービジュアルをできるだけ損なわない方法はないか」と考えた。まず、出てきたのがビニールなど透明な素材でつくる方法だ。透明ならばのれんの内側からも川側を見ることもできる。星野に話すと「それはいいかもしれない」と賛成。宿泊客が大浴場を使わない夜中の1時から3時に実際にビニールシートを使ってのれん風の仕切りを自分たちでつくり、内側の室温を保てるかどうかを確かめることにした。

16年1月のある寒い日に行ったテストには、星野もやってきた。星野も池上もそれぞれお湯に入ったり出たりしながら、ビニールシートを使ったのれんの効果を確かめた。冬の真夜中だったが、洗い場の温度を測ってみると暖かさは十分だった。効果は予想していた以上であり、星野は

「洗い場を冬も心地よく使ってもらえる方法として、これはいけそうだ」と満足そうだった。

「しばらく見ていられるもの」という課題

ここまできても、まだ課題は残っていた。それは温泉旅館の大浴場としての見栄えだ。星野リゾートの別の施設でも類似した課題を抱えているところがあり、先行して透明の素材でつくったのれんの導入をテストすることになった。池上はその様子を確認するために視察に出かけた。この施設では界箱根のようにビニールシートでのれんをつくっていたが、実際に設置してみるとこの施設の構造もあってか、大浴場内がまるで工事現場のようになってしまった。デザイン的に厳しく、この施設では結局、別の方法を考えることになった。界箱根は川側をのれんで仕切るシンプルな構造のため巨大なのれんの採用自体には問題はないが、透明のビニールを使用するのはやはり見た目が厳しく、デザイン面での工夫が必要だった。

スタッフとの話し合いではいろいろなアイデアが浮上。「やはりのれんはやめたほうがいい」という声もあったが、多様な経験を持つ池上はそれまでの経緯を説明しながら、顧客の利便性を上げるにはのれんがやはり必要だと丁寧に説明した。スタッフの理解が深まるなか、「内側からはのれんを見ることになる以上、しばらく見ていられるものにしなければならない」「それならば、デザインを楽しんでもらうようにしたい」となった。

設置するのれんはサイズが大きいうえ、開口部の形状に合わせる必要がある。このため既製品を使うのは難しく、オリジナルでつくらなければならない。池上はスタッフのアイデアを集めるため、議論にどんどん入ってもらった。スタッフはどんな図柄がいいのか、また具体的にどんな人に相談したらいいのかを探していった。

たどり着いたのが、絵柄の美しい型染作家に箱根の歴史的な旅路を描いてもらうことだった。絵を楽しんでもらうためにのれんは地色を白に設定。昔の東海道の箱根湯本付近を大名行列が通る様子を基本イメージにしながら、遊び心も入れてもらうデザインだ。具体的には、絵のあちこちには箱根の寄せ木細工のほか、ロープウェイや遊覧船、界箱根など現代の乗り物や建物の要素もあり、のれん自体を楽しんで見てもらう工夫を取り入れた。よく見ると、箱根駅伝のランナーまでがのれんに描かれている。素材は温泉を仕切るのに合ったものを採用した。

のれんには出入り口があるが、その位置にもこだわった。当初は両サイドの洗い場付近から出入りする予定だった。しかし、これだとのれんの内と外を行き来するたびに、温泉から上がらなければならない。しかも、立って行き来するため高さもかなり必要になる。議論した結果、「湯船のところにのれんの切り込みをつければ温泉につかりながら出入りできるので、よりのれんを楽しめる」というスタッフのアイデアを取り入れる形に変更した。また、詳しく調べるとのれんは温泉の湯気による内部の保温効果が当初の想定以上で、場合によっては湯気がこもりすぎる可能性があった。これに対しては、スタッフのアイデアで急きょのれんの一部に換気扇も取りつけた。スタッフの意見を次々に取り入れながら、のれんの完成度を高めた。

のれんが別の効果をもたらす

　こうしてでき上がったのれんは17年冬シーズンから設置をスタート。宿泊客は冬場も体を快適に洗うことができるようになった。のれんの内側では描かれた絵を堪能しながら湯につかり、のれんの外側に出れば自然の風景を楽しめる。宿泊客からは「冬も快適に温泉につかることができた」という声があったほか、「のれんの絵を楽しんだ」という声がいくつも聞かれた。その効果は大きく、冬場の顧客満足度が一気に向上。「気温が下がると顧客満足度が下がる」ことはもうなくなった。のれんの設置は冬だけであり、春から秋はこれまでどおりの「キラービジュアル」の眺めも楽しめる。このため、界箱根の顧客満足度は1年を通じて高まった。

　のれんは実は別の効果ももたらしている。界箱根では大浴場の冬場の課題を解決するために、もともとは大がかりな工事を予定していた。２５００万円ほどの予算を計上していたが、のれんに変更することでコストは大幅に下がり、１００万円ほどにとどまった。その結果、残った資金

てでき上がったのれんは17年冬シーズンから設置をスタート。宿泊客は冬場も体を快適に洗うことができるようになった。のれんの内側では描かれた絵を堪能しながら湯につかり、のれんの外側に出れば自然の風景を楽しめる

を客室改装やエレベーターの更新などに充てられるようになったのだ。32ある客室のうち6室はあえて内風呂をなくして、その分リラックスできるスペースを広げるなど、特徴のある施設づくりを進め、これがさらに人気を高める原動力になった。大浴場の洗い場を温めるのには温泉の湯気を使っているため、冬場も暖房のランニングコストがかからない。それだけのれんの意義は大きかった。星野は「予想以上に効果は高く、改装のモデルケースになる」と話す。

快適性をさらに高める道を模索

1枚ののれんに必死に取り組んだ池上は18年、同じ箱根にある界仙石原に総支配人として異動となった。界箱根は現在、立川久美子が総支配人を引き継いでいる。立川は体育大学を卒業後、フィットネスクラブで働いていた。「違ったことにチャレンジしたい」と考えて星野リゾートに入社。界日光（栃木県日光市）で2年ほど勤務してから界津軽（青森県大鰐町）へ異動。やがて界津軽の総支配人となり、今度は界箱根にやってきた。

引き継いでからも稼働率は好調だ。最新の技術の活用も視野に入れながら、冬だけでなく1年を通して、大浴場の快適性をさらに高める方法も模索している。1枚ののれんが変えた界箱根の大浴場はこれからも進化を続けていく。

界箱根で現在、総支配人を務める立川久美子は体育大学を卒業後、フィットネスクラブで働いてから星野リゾートに入った

界箱根

緑豊かな山々と須雲川を臨む場所に位置し、館内は地元の工芸品である寄せ木細工や小田原ちょうちんなどで飾られる。もともと別の会社が運営していたが、2012年から星野リゾートが運営を開始し、現在の施設名に変更した。

停電の結婚式

――軽井沢ホテルブレストンコート

長野県軽井沢町

それまで起きたことのないアクシデントが発生したのは、２０１７年8月12日の朝のことだった。軽井沢高原教会ではこの日、挙式を予定しており、１組目の結婚式がまさにこれから始まろうとしていた。

長野県軽井沢町の星野エリア内にある軽井沢高原教会は、大正10年（１９２１年）から１００年ほどの歴史を持つ。軽井沢の自然豊かな環境にあり、リゾートウエディングの先駆けとして全国的に知られている。1年を通じて結婚式を挙げるためにカップル、列席する親戚、友人、同僚らが各地からやってくる。教会の隣には牧師館があり、この教会で結婚式を挙げたカップルが軽井沢を訪れたときに再訪する。子どもが生まれてからファミリーで立ち寄る姿が目立つほか、親子が同じ教会で結婚式を挙げることも多いという。

突然、照明が消えて……

アクシデントの当日。その結婚式の列席者によると、式の直前に突然、「バチン」という大きな音がどこかから聞こえた。それとほぼ同時に教会、牧師館の室内の照明が消えた。教会内には正面に大きな採光部はある。しかし、建物は奥行きがあり、内部が暗くなった。新郎、新婦はそ

軽井沢ホテルブレストンコートで挙式進行ユニットのディレクターを務めていた功力朋。20年12月からは同ホテルの総支配人となった

のとき、式を行う牧師と和やかに話をしていた。突然の出来事にどこからか「えっ」という驚きと困惑の声がもれたという。

軽井沢高原教会の結婚式では、隣接する星野リゾートの軽井沢ホテルブレストンコートにいるスタッフが挙式進行のサポート役となる。挙式進行のユニットには45人ほどのスタッフが所属。人生の門出の結婚式を厳かで思い出深いものにするために、スタッフは新郎、新婦の思いや考えをしっかり聞きながらきめ細かに対応する。挙式などが行われていないときの見学やシーズンごとのさまざまな行事もスタッフがサポートする。

このユニットをまとめるディレクターの功力朋（くぬぎとも）は、メンバーを育成すると同時に自らも現場に積極的に立つ。この日に〝異変〟が起きたときも、功力はサポートのメンバーの1人として、教会にいた。新郎、新婦や列席者に落ち着いてもらうことを心がけながら、「いったい何が起きているか」を正確に把握することから始めた。

東京都内の不動産会社で開発事業を経験した功力は、メディアを通じて星野リゾート代表の星野佳路の経営手法を知り興味を持った。「いっしょに働いてみたい」と考え、２０１２年に星野リゾートに入社。東京から軽井沢にやってきた。実は入社前、功力が結婚式を挙げたのが軽井沢高原教会だった。「そのときにはまさか自分がここに来て働くことになるとは、まったく思っていなかった」と功力は話す。入社後、軽井沢ホテルブレストンコートに配属となり、最初は1年ほどサービスチームとして働いた。その後、挙式進行のユニットに異動となった。数年前からはこのチームをまとめる立場となっている。

介添の決意

調べると、アクシデントの原因は停電だった。軽井沢の一部のエリアで電気の供給が予告なくストップしていた。

式の当日には、思いがけないことがときどき起こる――。功力はそれまでの経験からそのことをよく知っていた。軽井沢の場合、比較的多いのが列席者が東京などからの新幹線に乗り遅れるケースだ。そのほかのアクシデントも含めて何度も対応している。ユニットのメンバーはアクシデントが起きたときの対応について、いろいろな形で情報を共有してきた。そこでこのときもまず過去の対応を業務経験の長いスタッフに聞いてみたが、軽井沢でこうした停電は記憶にないという。電力会社にすぐに連絡したが、原因ははっきりせず復旧までどれくらいかかるかもわからなかった。新郎、新婦は「これからどうなるのか」と戸惑い始め、功力は停電の影響について考えをめぐらせた。取り組まなければならないことは多数あり、現場に緊張が走った。
三枝香織はこの日、２組目の結婚式の「介添（かいぞえ）」を担当していた。介添の役割は、新郎、新婦に寄り添いながら新婦のドレスのケアなど身なりを整えたり、挙式の進行の手伝いなどを行うことだ。組織的には、功力がディレクターを務める挙式進行のユニットメンバーとなっている。

星野リゾートでは結婚式の１組ごとにスタッフを１人、介添として置いている。当日の連絡などは介添を通して伝え、挙式後、披露宴までサポートすることも多い。星野リゾートの場合、軽井沢の披露宴の会場は軽井沢ホテルブレストンコートのほか、敷地内には別荘をコンセプトにしたウエディングができる会場もあり、それぞれの場で本当に必要なサービスができるかどうかが問われる。停電の日、三枝が担当する２組目のカップルは前の組の様子から、少し不安そうな表情になってきた。

２００９年に新卒で星野リゾートに入った三枝は、リゾナーレ八ヶ岳（山梨県北杜市）に配属となり、イベントの企画や運営を担当してきた。業務にやりがいは感じていたが、次第に軽井沢への移住を考えるようになった。人事部門に相談するなどした結果、軽井沢に異動。移ってからは現在の業務を担当している。

三枝香織は新卒で星野リゾートに入った後、リゾナーレ八ヶ岳を経て、軽井沢の挙式進行のユニットで「介添(かいぞえ)」を担当する

最初は覚えることが多くたいへんだったが、周囲に助けられながら業務を身につけた。「結婚式の喜びに身近に触れられるのが、この仕事の魅力。新郎、新婦の幸せな表情をそばで見られるのは、やはりうれしい」。こう話す三枝は、カップルの考えはさまざまであり、どこまで寄り添っていけるかが大切だと考える。「時間をかけて準備してきた結婚式が思っていた通りにいくのかという不安を、どのカップルも少なからず持っている。不安を取り除きながら進められるようにお手伝いをする」とにこやかに話す。そのために自分から声をかけると同時に、声をかけてもらいやすくなるように心がけている。

「教会の外に出て結婚式を挙げてはどうか」

停電に直面した1組目のカップルは、暗い教会内でこのまま結婚式を行うのが難しい。功力は動き回りながらも「すぐに復旧してくれるといいのだが……」と心のどこかで期待した。しかし、事態は変わらず、時間が経過しても教会内の電源は回復しないままだった。「ではどうすべきか」と、功力は考え続けた。

幸運だったのは、この日の軽井沢が晴天だったことだ。あたりは朝から夏の明るくまぶしい日差しにあふれていた。この結婚式の牧師である居垣裕芳はそのことに気づき、機転を利かせた。

「それならば、教会の外に出て結婚式を挙げてはどうか」。静かだが確かな口調の居垣の言葉に、新郎、新婦は落ち着きを取り戻した。そして少しずつだが、和やかさが戻ってきた。やがて「それならば、そうしよう」となり、結婚式は急きょ、屋外で開くことになった。

教会の前にはいつもは式の後に列席者らが集まる場所があり、スペースは十分で、環境も整っている。ただし、式を行うには教会の中から必要なものを運び出さなければならない。また場所が変わる以上、段取りも改めて決める必要がある。居垣のアドバイスを受けながら、また介添を通して新郎、新婦の気持ちを確認しながら、功力とスタッフは動き始めた。結婚式に必要な品々には重量のあるものもあったが、数人がかりで何とか教会から外に運び出した。牧師館からは、列席者用に長いベンチを移動させた。結婚式の音楽を演奏するためのオルガンは停電のため使えないが、オルガンとペアになっていたハープは持ち出せば何とかなる。ただし演奏がハープだけになることで、いつもの楽譜が使えないため、必要な楽譜も大急ぎで手配した。慌てないようにしながら一つひとつを考え、功力はスタッフと取り組んだ。段取りについても、どこから新婦が新郎の元に歩んでいくのかといった細かな点を居垣に聞きながら決めていった。

イレギュラーなことであり、30分が経過しても準備が続いていた。1組目の介添のスタッフは機転を利かせた。待っている新郎、新婦に「写真の撮影を先にしてはどうか」と提案。通常は式が終わってから撮影するが、2人の了承を得て、待ち時間を使って撮影を先に行うことになった。

前の式が始まらないなか、２組目の新婦から「私たちの式はどうなりますか」と、三枝は聞かれた。こうしたときこそ新郎、新婦にしっかり寄り添いたいと考えてきた三枝は「できることをすべてしよう」と思った。フラットな組織づくりを進める星野リゾートは普段から自分で考えて提案する場面が多く、このときも意外なくらい落ち着いて考えられた。２人が不安にならないように心がけながら他のスタッフと連携して対応を検討し、３つのプランを提案した。

「もう少し様子を見て、停電からの復旧を待つ」

「屋外で式を挙げる」

「キャンドルを使い教会内で行う」

三枝はそれぞれのプランを説明し、「２人のご意向を一番大事にしたい」と伝えた。新郎、新婦の考えははっきりしていた。新郎の両親はかつて軽井沢高原教会で結婚式を挙げていた。このため、２人は教会内で挙式したい気持ちが強かった。三枝の提案に対して、「キャンドルを使い教会内で結婚式を挙げたい」と伝えた。中庭の東屋で待機してもらいながら、式の順番が来るのを待ったが、１組目の式は始まらなかった。「新郎様が少し、困惑している」と、いっしょに担当していたカメラマンから聞いた。心配をかけていることに対して、三枝は真摯に対応することを心がけた。「この状態をすぐに変えることは難しい」と正直に説明したうえで、「代わりに今はいろいろな形で撮影ができますがどうですか」と尋ねた。ここでも同時に「２人のご意向を一番大事にしたい」と伝えた。

新郎、新婦が提案を受け入れたため、2組目も写真撮影を先にスタート。近くの庭園なども活用し、列席している家族も交えるなど、考えられる限りの提案をしながら、撮影を続けた。通常10分ほどだが、このときは30分ほどかけてじっくり行った。列席者と話しながらくつろげるように椅子や水なども用意。この間も三枝は逐一、状況を確認し、新郎、新婦や列席者に繰り返し説明することを心がけた。

やがて1組目の式が教会前で始まった。屋外での式は経験のないことだっただけに、功力は緊張した。そして、「サポートするのが自分の役割」と式を見守った。順調に進み終了したとき、功力は新郎、新婦のうれしそうな表情がいつも以上に印象に残った。

入場の場面、介添も緊張

1組目の式が終わるとほぼ同時に、雨が降り出した。空は晴れたままであり、いわゆる天気雨の状態だったためそれほど大きな影響にはならなかったが、2組目の式は教会内で行う。このため功力やスタッフは外に持ち出したハープや長椅子などを今度は再び急いで室内に移動し始めた。

1組目は屋外、2組目はキャンドル。それぞれの思いに寄り添った対応のために、皆が集中して臨んだ。

２組目の結婚式の準備を進めるなかでも、停電は続いていた。教会内は暗くハープの奏者は楽譜が見えないため、大急ぎで譜面を照らす小型のライトを用意した。スタッフは教会内でキャンドルの準備を進めた。キャンドルの灯りによって教会内は雰囲気が高まってきた。

軽井沢高原教会ではキャンドルを使った挙式を行うことがある。イベントなどでキャンドルを使うこともあり、三枝はサポートを担当したことがあった。しかし、これまではあくまでも電灯が別にあることが前提のため、この日は勝手がまったく違った。その分、スタッフは緊張感が強かった。

生きたのは地道なトレーニングだった。星野リゾートでは結婚式や披露宴のサービスの質を高めるため、介添になるには約２カ月かけて専門トレーナーから20回ほどのＯＪＴ（職場内訓練）を中心としたトレーニングを受ける。このトレーニングでは、必要な知識を学ぶだけでなく、考え方についても身につける。そのなかでは、主体的に視野の広さをもって取り組むことや、トラブルのときに冷静に対応することも徹底していく。

２組目の式はキャンドルだけのため足元が暗く、いつも以上に落ち着いてサポートしなければならない。介添の三枝が特に意識したのは入場の場面だ。新婦のウエディングドレスの裾などがキャンドルに触れたらたいへんなため、細心の注意を払った。

停電の日、1組目は教会の外で挙式（上）。2組目は教会内でキャンドルを使って挙式（下）。スタッフはそれまでにない状況に知恵を絞りながら対応

キャンドルをともしながらの結婚式は順調に進み、無事に終了した。後日、三枝は2人からこの日の結婚式での対応について、感謝の手紙を受け取った。そこには「キャンドルが幻想的だったし、ハープの音色も素敵ですごくよかった」と書かれていた。三枝は手紙を送ってくれたことに感謝すると同時に「役割が果たせた」とほっとした気持ちになった。

停電はこの後は完全に復旧し、いつもの軽井沢高原教会に戻った。同じ日、教会内が落ち着いたとき、1組目のカップルが挙式進行のスタッフのもとにやってきた。教会前で結婚式を挙げた2人だった。新郎は「新婦のために、お父さんと教会内でバージンロードを歩く様子をきちんと残しておきたい。できるでしょうか」と相談してきた。星野リゾートのスタッフに異存があるはずはなく、すぐに動いて準備を開始した。整うと、新婦と父にバージンロードに立ってもらい、その様子を写真に収めた。

「少しだが、強くなれた気がする」

三枝はこの出来事を経て、これまで以上に介添の仕事にやりがいを感じるようになった。「寄り添う気持ちを忘れないことだと改めて感じた。スタッフと一致団結して案を出し合えたし、それまでにない出来事のなかで、少しだが、強くなれた気がする」と話す。今回の出来事をきっかけに自信と励みを感じている。

停電という突然のトラブルに対して、屋外とキャンドルという2つの経験のない形でそれぞれ対応できたことに、功力は挙式進行のチームメンバーの成長を感じている。「普段からスタッフがいろいろな提案をしてきたことが生きた。これからも星野リゾートとして、サポートの品質をさらに高めていきたい」と話す。２０２０年12月から功力は軽井沢ホテルブレストンコートの総支配人に就任した。

スタッフの働き方について、星野リゾート代表の星野佳路は「フラットな組織の下で、スタッフ一人ひとりが自分で判断し、切磋琢磨してお客様のために行動していくことが大切だと改めて感じている」と強調する。

軽井沢ホテルブレストンコート

長野県軽井沢町にあり、1970年代から40年以上、リゾートのホテルウエディングを手がける。隣接する軽井沢高原教会のサポートも行う。

大浴場、稼動に試練あり

——情報システムグループ

「大浴場の下駄箱をカメラで映すために、ネットワークの調整をしたいのだが……」

星野リゾートの情報システムグループに、運営する宿泊施設の担当者から連絡があったのは２０２０年４月のことだった。

星野リゾートには情報システムの専門部署があり、30人ほどのスタッフがいる。顧客向けも社内向けも手がけ、情報システムに関することはほぼすべて自社でまかなう。情報システムグループの責任者であるディレクターを務める久本英司は「宿泊業の場合、自社でここまで取り組んでいるところは、国内ではほとんどないはずだ」と話す。経営陣や現場スタッフと相談しながらシステムの企画やスペックを決めると、自社のエンジニアがプログラミングを行い、完成してからのネットワークの運用サポートや機器の設置なども自社で行う。

コロナ禍で観光業が打撃を受けるなか、星野リゾートは20年4月、5月のキャンセルが相次いだ。代表の星野佳路は危機感を持ち、生き残るために4月上旬、「18カ月計画」を策定。ニューノーマルに対応した施設づくりに踏み出した。各現場は、宿泊客に提供するサービスを安心・安全という視点から見直し、つくり直す作業が一斉にスタート。密閉、密集、密接の3つの「密」を回避する滞在のため、チェックインの方法を見直し、食事の提供方法や清掃のあり方も変えた。

オペレーションの工夫だけでは解決できなかったのが、大浴場の3密の回避だった。星野リゾートは温泉旅館ブランドの「界」をはじめ、多くの施設で大浴場の温泉が宿泊客にとって大きな魅力となっており、「3密が回避できないから大浴場の利用を中止する」というわけにはいかない。ただし宿泊客は滞在中の多くの時間に大浴場を利用できるが、スタッフが大浴場にいるのは清掃のときなどに限られる。混雑状況を可視化できれば宿泊客が大浴場を利用するタイミングを自分で考えやすいが、宿泊客のプライバシーの観点から監視カメラを付けるのは難しい。ではどうすべきか。旅館やホテルの現場はこのとき「風呂場でなく下駄箱にカメラを置けば、その利用状況によって何人が入浴中かを把握できるのではないか」と考えた。ここから情報システムに「下駄箱をカメラで映すために、ネットワークの調整をしたいのだが……」と相談してきた。「さて、それで本当にいいのか」。久本は情報システムの立場から、できることを考え始めた。

久本は大学卒業後、会計ソフト会社、システム関連のベンチャー企業を経て、星野リゾートに加わった。転職の理由はリゾート移住を考えたこと。「自然のなかで生活したい。それには軽井沢がいいな」。こう考え当初、軽井沢に移住してからも新幹線で東京に通勤することを考えた。しかし、いろいろ調べた結果、「それではやはり面倒。軽井沢で働けるところはないか」と探し始めた。そのときに偶然知ったのが、星野リゾートだった。

先に軽井沢に住居を準備しようと考えた久本は、長野県の銀行にローンの相談に行った。しかし、当時働いていたのがベンチャー企業だったためか、ローンがまったく下りなかった。銀行の担当者から「長野だと、例えば星野リゾートに転職して移住する人がいる。星野リゾートに入社すればローンはＯＫになるかもしれない」と言われた。そこでホームページを見たが、システム担当者は募集していなかった。それでもキャリア採用の登録フォームに職歴を記載して送付。人事担当者から連絡があり、２日後に現在代表の星野佳路から直接、面接を受け採用が決まった。久本は軽井沢で結婚式を挙げていたが、それが星野リゾートの施設だったことは入社してから気づいた。「住宅ローンをＯＫにするため、入社することに必死だった」と話す。当時は全国展開の前で、軽井沢だけで事業を展開。現在約３５００人いる社員は当時は２２０人ほどだった。

それから十数年。コロナ禍での安全・安心な大浴場に向けて「下駄箱をカメラで映したらどうか」と尋ねる現場に対し、久本は「下駄箱に履き物が何足あったら混んでいるか」を宿泊客が判断するのは難しい、と思った。また、下駄箱をカメラで映せば、前を通った人もいっしょに映る可能性があり、プライバシー面の課題が残る。「もっといい手があるのではないか」と久本は考えた。情報システムグループはコロナ禍の影響によって、それまで動いていたいろいろなプロジェクトがストップ。スタッフは一時帰休する方向となっていたが、「星野リゾートの仕組みをよくするためにここにいる以上、たいへんになったからといって休むのでなく、自分たちでできる形で貢献したい気持ちが強かった」と久本は振り返る。

大浴場は宿泊施設の大きな魅力。コロナ禍での混雑回避のため、情報システムグループへの期待は高まった

目の前の仕事がない――。久本はこの状態を入社時に経験していた。2002年に入って驚いたのは、自分の仕事が決まっていないことだった。星野は予約の利便性を高めるためにシステム関連が重要であることを認識していた。しかし、そのための道筋は何も具体的になっていなかった。社内にホームページの担当者はいるものの、専門のシステム担当者は1人もいなかった。情報システムについては必要に応じて外部からパッケージを購入しており、予約システムは独自のものではなかった。

久本はひとまずブライダル事業のメンバーになったが、周囲のスタッフは何を任せたらいいかわからない。「何もすることがない状態」であり、久本は「せっかくリゾートに移住したのに、このままでは軽井沢で働けなくなるかもしれない」と危機感を持った。考えたのが、社内の御用聞きをして回ること。いろいろな部門に顔を出しながら「技術面で困っていることがあれば対応するので声をかけてほしい」「どこか故障しているところがあれば伝えてほしい」と聞いて回った。そんななかで最初に出てきたのが、電話交換機の入れ替えだった。同じ技術関連といっても、それまでの業務とは畑が違い、久本にはまったく経験のない分野だった。それでも勉強しながら電話交換機の入れ替え作業を進めた。その後に入った仕事もパソコンなどの機器の修理などであり、専門知識はなかったが、社内の声に応えるため必死に対応した。

3カ月がすぎたころ、ようやく星野が「仕事がある」と持ってきた。それがブライダル関連の予約システムづくりだった。ここから本格的に情報システムの仕事がスタート。2年ほどで成果を上げると、インターネットを活用した宿泊予約システムの開発に着手した。星野リゾートは当時、星野温泉旅館を改築した星のや軽井沢の開業を控えており、事業拡大が本格化する局面だった。インターネットを活用した宿泊予約はまだニーズが小さく、ネットを活用する旅行代理店も今ほど多くなかったが、星野リゾートはネット経由で宿泊客を獲得する方向にかじを切った。

サービス担当者も情報システムグループに登用

自分で仕事をつくってきただけに、久本はコロナ禍でも「情報システムグループとして会社に貢献したい」気持ちが強かった。大浴場に残った課題の解決策を考えたとき、たどり着いたのが大浴場の混雑度を見える化する仕組みづくりだ。具体的には、ＩｏＴ（モノのインターネット）のデバイスとアプリケーションを新たに開発。大浴場にいる宿泊客の人数をセンサーで計測したうえで、それを宿泊客のスマートフォンで見ることができるようにしようと思った。

久本は実はそれまでにもＩｏＴの導入で業務を効率化してはどうかと提案していた。別の開発が優先となり実現していなかったが、今こそＩｏＴに取り組むべきだと思った。システムのアイデアをまとめたうえで情報システムグループ内でスタッフを募ったところ、温泉旅館から異動して1年目で現場のオペレーションシステムを担当する白根チエ、プログラムを担当する杉山陽輝、設置をサポートする延東洋輔の3人が集まり、「大浴場アプリチーム」となった。3人のメンバーのうち、白根と延東の2人はサービス現場の出身で、杉山がエンジニア出身という陣容だ。メンバー構成には、星野リゾートの情報システム部門の歩みと特徴が表れている。

情報システムグループは当初、久本1人でスタートし、数年後に4人になったが、陣容は限られ、当時はすべてを自社開発するのは難しかった。外部のシステム会社を活用する面が強く、できることに限界があった。しかし、久本によるとシステム会社は「つくって納品すること」が目的であり、「つくったシステムを改善し続けよう」とか「使い続けよう」といったことはビジネスの構造上、重視できないという。一方、ユーザー企業にとって大切なのは、業務の変化に合わせて使い勝手をバージョンアップすることだ。「そのためには最初は小さくつくって、大きく育てるほうが取り組みやすい。だから、自社ですべてやったほうがいい」と久本は考えて、星野に相談。しかし、星野は久本の考えを理解しつつ、「もちはもち屋に任せたほうがいいのではないか」という考えもあり、当初はあまり積極的でなかった。一方、事業規模が拡大するなか、既存システムの運用だけでメンバーの手が取られた。マーケティンググループや各施設、バックオフィス部門まで、いろいろな部署からシステム開発を求める案件は増えたが、対応できる案件は限られ、社内からは「何を頼んでもやってくれない」との声も出てきた。

　こうした状況のなか、宿泊予約システムの機能追加のスケジュールが大幅に遅延。経営会議で問題になった。これを契機に情報システムグループにそれほど関与してこなかった星野は積極的に改革を始めた。久本はこれを「以前から温めていたＩＴ投資に関する経営判断プロセスの整備、システムの内製化に向けたリソース強化のチャンス」ととらえた。それでもこの時点ではプログラミングのできるエンジニアの本格的な採用に踏み切っていなかった。このため、まずは社内で旅館やホテルでサービスを担当するスタッフから「ＩＴで業務を改善したい」「ＩＴを学びたい」という希望者を募り、情報システムグループに迎え入れた。久本はこのとき「将来的に外部からエンジニアを入れたとき、星野リゾートのフラットな組織文化のなかで力を発揮するには、現場担当者の声をエンジニアにしっかり伝える必要がある。そのために現場出身者を育てながら、社内に現場の言葉をシステムの言葉に『通訳できる機能』を整えよう」と考えた。

　ここから星野の賛同を得ながらプログラミングのできるエンジニアを増やし、２０２０年初頭にほぼ現在の陣容になった。約30人のメンバーのうち、ホテル・旅館出身とエンジニア出身がほぼ半数ずついる。自社開発の強みを生かすために「小さくつくって大きく育てる」方針の下、それぞれマーケティングやオペレーションの会議にも参加しながら普段から課題を共有し、フラットな組織文化の中で仕事をする。新規の案件を増やしながら、既存システムの改善も進めている。

自社開発の方針が生きた

コロナ禍の大浴場の3密回避に向けたシステム開発のために集まったメンバーのうち、白根、杉山は東京に勤務、久本と延東は軽井沢に勤務する。4月、全員が在宅勤務のままオンラインで業務をスタート。ハード部分では外部のパートナー企業も巻き込んだ。メンバーの1人、白根はホテルの専門学校を経て入社後、界阿蘇（大分県九重町）、界加賀（石川県加賀市）、界遠州（静岡県浜松市）で現場のサービススタッフとして働いた。「新しいチャレンジをしたい」と考え、応募したのが情報システムグループだった。異動後、周囲からサポートを受けながら働いていた白根にとって、この案件が「独り立ち」のタイミングとなった。このため「自分に本当にできるのか」という気持ちもあった。しかも、初めて経験するフルリモートでの業務に不安もあったが、「古巣の温泉旅館の課題解決のため、やれることを迷わずやろう」とチームに飛び込んだ。

星野は久本らメンバーに「緊急事態宣言の期間がいったん終わり、6月ごろには最初の緩和期が来るだろう。そのタイミングでの完成を目指そう」と伝えた。このためデバイスとアプリの開発から設置まで含めた期間は実質6週間ほどしかなかった。しかも当初は6月に1カ月ほど2施設で試してから大浴場のある他の施設に展開する予定だったが、現場の期待は高く、多くの施設で導入スケジュールを前倒しすることが決定。6月中に界ブランドを中心に15施設に入れる形になった。プログラムを担当する杉山は、システム会社で飲食店の予約管理システムを開発する経験を経て、星野リゾートに入った。いろいろな開発の経験があったが、「このときは納期が短いため焦った。このプロジェクトに全力投球する形でスケジュールを組んだ」と話す。

白根はシステムの業務フローをまとめた。また現場での業務経験を生かして設置場所の条件を考えたほか、周囲のサポートも受けながら、どうしたらわかりやすい画面になるかを考えた。杉山は社会人になってからはウエブが業務の中心でありＩｏＴは今回が初めてだったが、大学で専攻した機械工学を生かしながら取り組んだ。

開発では宿泊客の使いやすさにこだわらなければならない。また武骨なＩｏＴデバイスでは旅館やホテルのなかで違和感が生まれるためデザイン面もこだわりが必要だった。しかも、コロナ禍のキャンセル増加で業績が厳しいなかでは極力キャッシュアウトを避けなければならない。さらに、情報システムグループはほかの仕事がストップしたため、大浴場アプリのチームも順番に一時帰休に入り、仕事時間が半分になった。状況は厳しかったが、「自社開発の強みを生かすために、ミニマムの開発でリリースし、導入後に機能追加をして育てればいい」といういつもの方針の下、前に進み続けた。星野も「必要なのはコロナ禍に対応するために、新たな発想を取り入れること。正解がわからないことは導入後に改善すればよい」と後押しした。

大浴場の混雑度を「見える化」するシステムをつくった白根チエ、久本英司、杉山陽輝、延東洋輔（左から）

星野リゾート

「得られる効果が明確であれば、小さく始める選択によって課題解決に的確に対応しやすくなる。時間がない以上、まず必要な機能に絞り、そのほかはあとで追加しようと考えた」と久本は話す。これまでの「小さくつくって大きく育てる」手法が大切な局面で生きた。

ＩｏＴデバイスの最終的な組み立てはギリギリのタイミングとなった。白根、杉山らがパートナー会社に赴きデバイスの組み立て作業を手伝った。完成した新たなシステムでは、大浴場の入り口付近などに設置した独自開発のＩｏＴデバイスとアプリケーションを使い、リアルタイムに混雑度を算出する。ＩｏＴデバイスでは、センサーで大浴場に来ている人数の正確なカウントを行い、リアルタイムにクラウドでデータを連動させる。さまざまな設置条件に適応できるほか、可能な限り小さく、デザイン的にも違和感がない外装にこだわった。アプリは混雑度を3段階で「見える化」し、宿泊客はあらかじめ自分のスマートフォンで確認できる。このため、3密を回避しながら温泉を楽しむことができる。確認できるのは宿泊者だけなので、不特定多数に情報が流れることがない。アプリ内のイラストはイラストレーターが副業の社員に依頼するなど、どこまでも手づくりになった。混雑度の表示設定は施設ごとに調整ができる。

システムはできたが、大きな課題が残っていた。それがＩｏＴデバイスの設置だ。センサーを使うため、きちんと設置しないと近くにあるものなどに反応するケースがある。普段なら設置作

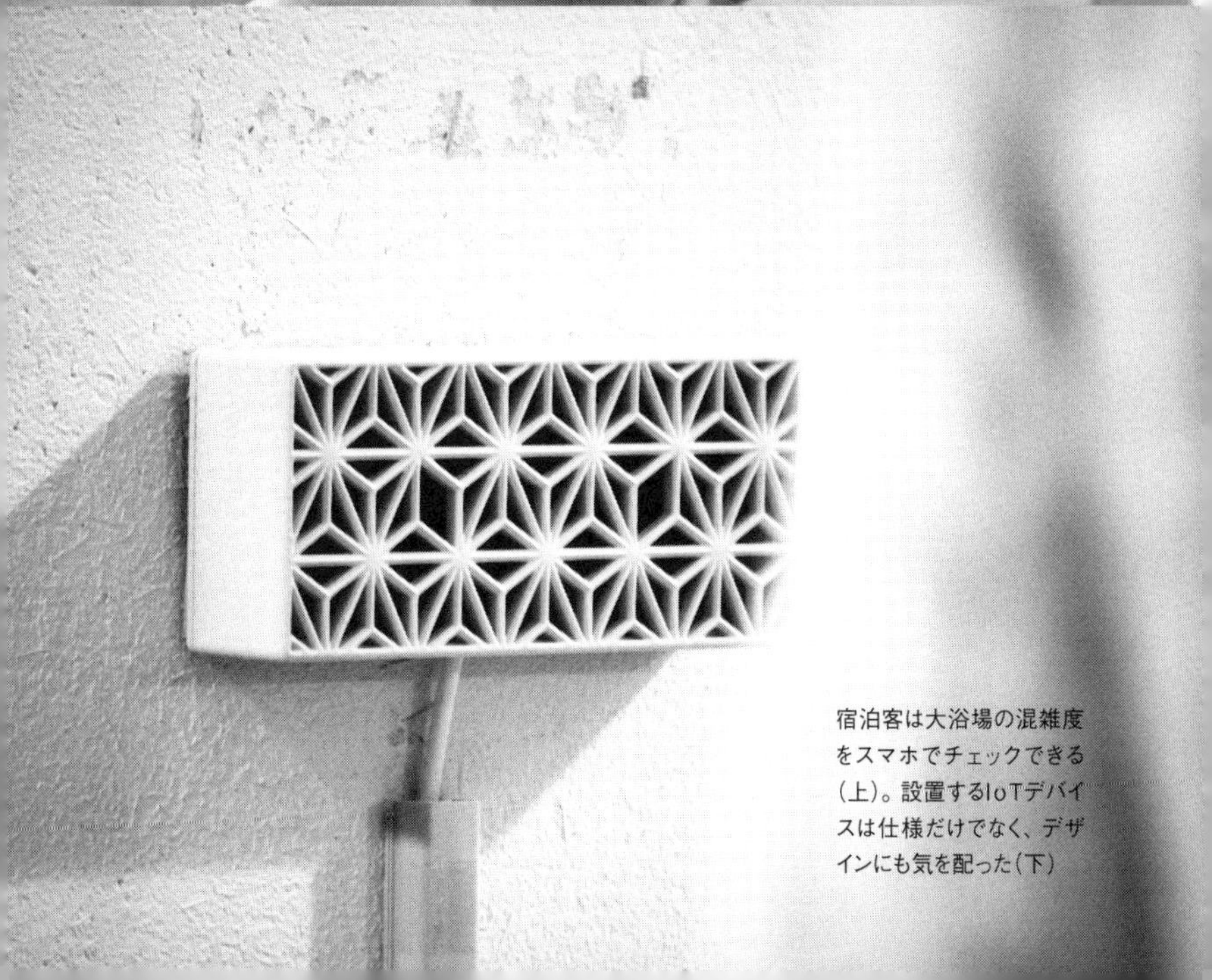

宿泊客は大浴場の混雑度をスマホでチェックできる(上)。設置するIoTデバイスは仕様だけでなく、デザインにも気を配った(下)

業は情報システムグループが行うが、コロナ禍ではスタッフの移動が難しい。不慣れでも現地のサービススタッフに依頼するしかない。設置を予定する15施設には男湯、女湯があり、設置する条件が微妙に違うため、マニュアルを配布しただけではスムーズにはいかない。

設置の中心になった延東は大学院で統計学を学び、星野リゾートに入社。星のや軽井沢での勤務を経て情報システムグループに加わった。入社後はサービスを担当してきたが、もともと理系である強みを生かし、ネットワーク構築やシステムの運用などを担当してきた。今回は実際に設置してみると「それなりにきれいにデータがとれると思っていたが、全然違った」。設置場所によって「配線が地下のため電波が届かない」「近くにあるライトのためセンサーが働きにくい」などいろいろなケースがあり、うまくいかない原因を施設ごとに特定することから始めた。なかには事情を知らないスタッフがいつの間にかデバイスの電源を外していることもあった。リモートでの作業のためなかなか進まなかったが、延東は「スタッフはＩＴの専門家ではないので、とにかくわかりやすい言葉で説明することを心がけた」と話す。設置の過程では、システム自体の課題が見つかる場面もあり、延東は杉山や白根と随時、連携。杉山は例えばＩｏＴデバイスがきちんと作動しているかをモニターできる仕組みを急きょ1日でつくるなどして対応した。へとへとになりながらも、何とか3日間で設置を完了。サービスのリリースにこぎつけた。

稼働し始めた新しいシステムはコロナ禍の3密回避の手段として反響を集め、宿泊者の顧客満足度の向上につながっている。顧客の声は情報システムグループのメンバーでも共有。「『スマホで混雑状況をいつでも確認できるので安心した』というコメントを読んだときは、目指していたものが実現したと思いうれしかった」（白根）、「考えたものが形になり、成果にまでつながったのは自信になる」（杉山）、「コロナ禍に対して少しでも力になれた。入社してよかったと感じた」（延東）と、それぞれの思いを話す。情報システムグループは普段、直接顧客と対面することがなく、縁の下の力持ちというべき存在だが、今回はその取り組みが顧客満足度を高める最後の決め手となった。久本は「お客様の体験価値を高めるために自分たちも提案できるという自信が生まれた」と話す。星野は短期間でシステムが完成した理由を「普段からいろいろな部門と課題を共有しているほか、フラットな組織文化で仕事をしていることが大きかった」と説明する。

自社開発にこだわる星野リゾートの情報システムグループにとって、新システムの導入はゴールではなくスタートになる。今回のシステムも今後、顧客向けに混雑の予測の機能を付けるなどバージョンアップしていく計画だ。これができると、宿泊客が自分で入浴のタイミングをコントロールしやすくなる。そのために「どうしたらより正確な予測になるか」「どう伝えたらわかりやすくなるか」などの検討が進む。オリジナルでつくる分、スピーディーに開発を進めやすい強みを生かしながら、今後も機能を追加していく考えだ。

情報システムグループ

約30人のスタッフが軽井沢、東京に分かれて所属。「小さくつくって大きく育てる」自社開発の強みを生かし、予約システムなどの顧客向けのほか、社内向けのシステム開発も手がける。コロナ禍では大浴場の混雑度を「見える化」するシステムを短期間で完成した。

ビュッフェ中止の残念感

――リゾナーレ熱海

静岡県熱海市

大皿から料理を自由に取るビュッフェは、宿泊施設にとって人気のサービスだ。「自分の好きなものを好きなだけ食べられる」「選べることに楽しさがある」などから、特にファミリー客の人気が高い。しかし、2020年2月ごろからのコロナ禍で状況は一変。不特定多数の人が接触する可能性が高いビュッフェについて、政府が新型コロナウイルスの集団感染が起こりやすいと指摘したことを受け、星野リゾートでは「ビュッフェに代わるべきものとは何か」を急きょ議論し始めた。4月に全国で緊急事態宣言が出されると、星野リゾートはひとまずビュッフェを提供していた全施設でこのサービスの中止を決定。5月1日からビュッフェの代わりに、スタッフが配膳するセットメニューとして提供する形に切り替えた。同時にテイクアウトメニューも強化。客室や施設内のパブリックスペースで、3密を回避しながらの食事も選択できるようにするなど新たな取り組みにも踏み込んだ。新しい方式は一定の支持を得た。

それでも、ビュッフェを中断したことによる影響は、予想していた以上に大きかった。宿泊客からの「こういう状況では仕方がないが、ビュッフェで食べられなかったのが残念」「やはりビュッフェがよかった」という声を、スタッフは何度も耳にした。チェックアウト時のアンケートでは「ビュッフェを再開したら、また来たい」と回答する人がいた。顧客満足の点からはマイナスだったが、世の中全体はこの時期、ビュッフェ自体に否定的であり、再開できる雰囲気がなかった。星野リゾートもこの段階ではその流れに従っていた。

リゾナーレ熱海の総支配人を務めていた北嶋文雄は大学卒業後、東京・銀座の百貨店を経て星野リゾートに入った

転機になったのは5月18日だった。星野らが参加する会議ではこの日、ビュッフェに代わって新たに提供をスタートしたセットメニューに対する顧客のレビューの検証を行った。

星野リゾートの会議ではさまざまな角度から取り組みを検証するため、いろいろな部門が参加していることが多い。例えば、マーケティングの会議でも情報システム部門が参加したり、施設ごとの会議に統括部門が入ることも多い。この日の会議では、顧客の声が届きやすい予約センターのスタッフも参加していた。予約の担当者によると、このところ星野リゾートの施設に行こうかどうしようかと考えている人から、「ビュッフェがあるかどうか」を問い合わせるケースが目立つという。そのときに「ビュッフェは現在、中止している」と伝えると「それは残念だ」という反応がほとんどであり、そのまま予約せずに通話を終えるケースもあった。星野リゾートは訪れた顧客の満足度調査などからビュッフェ中止の影響を把握していたが、この日の会議で予約の状況に影響を与えている姿も浮かんできた。代表の星野佳路は「それだけビュッフェという形態が求められているのかもしれない」と話し、会議に参加していたスタッフたちも「コロナ禍でもどうしたらビュッフェを再開できるか」という視点で考えるようになった。

ここからグループのレストランサービスなどを担当する料飲サポートチームを中心に、ビュッフェのある施設のスタッフとともに「コロナ対策をしたビュッフェとはどういったものが考えられるか」についての検討が始まった。とはいえ、周囲に参考になる事例はない。インターネットを使い海外を見回しても、「これは」というコンテンツが見つからなかった。このため、まったくの手探り状態であり、まずは必要な項目の洗い出しから始めた。いろいろな角度から考えて30項目ほどをピックアップ。実現性はまったく未知数ながら「一回やってみよう」「現場も踏まえて、もっと具体的に検討しよう」となり、そのための場として静岡県熱海市のリゾナーレ熱海を選んだ。

熱海のビュッフェは席数が約１５０ある。星野リゾートにあるビュッフェとしては中規模の施設のため〝テストの場〟としてふさわしく、成果を横展開しやすい。またビュッフェを提供するレストランは星野リゾートのなかではファミリーがメインターゲットであるリゾナーレの施設に多いが、リゾナーレ熱海はファミリー客の比率が70～80％と特に高く、その分ビュッフェに対するニーズが大きいことも熱海を選ぶ理由になった。実際、これまでもビュッフェの細かな変更を検討するときにはまずリゾナーレ熱海でトライしていろいろなことを検証してから他の施設に導入している。ビュッフェでコロナ対策がしっかりできるかをまずは確認し、同時にこの時期に再開することへの反応も確認しておくため、まずリゾナーレ熱海でトライアルを実施しようすることになった。

リゾナーレ熱海の総支配人を務める北嶋文雄は「これは相当なチャレンジになる」と覚悟した。北嶋は大学卒業後、東京・銀座の百貨店に入り、プロモーションなどを担当していた。転職のきっかけはリゾナーレ八ヶ岳（山梨県北杜市）に宿泊したこと。ちょうどハロウィンの時期であり、想像していた以上の本格的な飾りつけに驚いた北嶋は、イタリア料理のコースのおいしさにも魅了された。「こちらのほうが面白いことをしている」「それまでと違うことをしてみたい」と考えるようになり２０１２年、星野リゾートに入った。転職の契機になったリゾナーレ八ヶ岳に6年間勤務した後、トマム（北海道占冠村）を経て、リゾナーレ熱海の総支配人になった。

リゾナーレ熱海は２０２０年、コロナ禍で4月、5月は稼働率が前年比マイナス80％ほどに落ち込んでいた。このため、北嶋は何らかの状況を打破できるものが必要だと思っていた。同時にビュッフェを求める声が大きいことは現場で強く感じていた。だからこそ、「再開できたら大きなアドバンテージになる」と思った。それでもコロナ禍に入ってから、星野リゾートに限らず、多くの施設ではビュッフェを中断し、サービスを再開したところはない。このため、「できるだろうか」という気持ちがあった。スタッフに説明すると「やめたほうがいい」という声は直接には出なかった。それでも不安な表情のスタッフがいることに気づいた北嶋は「皆が同じ気持ちになって取り組まないとうまくいかない。喜んでもらえることを、感染対策をしっかりしながらいっしょにやろう」と伝えた。

再開に向けた対策はまず、サポートチームから提案があった30項目を共有することから始めた。そのうえでリゾナーレ熱海のスタッフも現場の視点からの取り組むべきことを提案。最終的に合わせて40項目ほどが洗い出された。

　ここからサポートチームとリゾナーレ熱海のスタッフは連日リモート会議を実施。3密への対応、衛生管理の強化を徹底的に話し合い、洗い出した項目に優先順位をつけた。そのうえで「ビュッフェでは顧客にはマスクと手袋をつけてもらう」「接触感染を防ぐために、レストランのテーブルやビュッフェボードには抗菌コーティングを施す」「飛沫感染を防ぐために料理には中が見えるアクリルのカバーをつける」「現場のオペレーションでは、密を避けるために、ビュッフェの入り口にスタッフを『コントローラー』として配置し、顧客の利用を調整する」ことなどを次々に決めていった。運営面も見直し、「これまで30分単位だった夕食の予約時間を15分単位に変更すること」「レストランに滞在する人数も減らすこと」などを決定。施設によってはそれまでは外からの顧客がビュッフェを利用するケースもあったが、コロナ禍の感染対策を徹底するために、利用者を宿泊者に限定する形に変更することを決めた。

メジャーや分度器を使い仕様を固める

　対策の方向が少しずつ具体的に見えてきたなかで、東京にいるサポートチームのスタッフ6人が5月26日、リゾナーレ熱海にやってきた。リゾナーレ熱海のスタッフ6人とともに実際のレストランを使って、これまで考えてきた方向で本当にいけるかどうかを検証した。営業時間の合間を縫って行うため、テストで使える時間は限られ、朝食が終わってから夕食が始まるまでのアイドルタイムの5~6時間をかけて集中的に行った。ロールプレイングに近い形で顧客の動きをシミュレーションしながら「ここではこうしたことが起こるのではないか」「想定と違う動きがあった場合にどうするか」などを確かめた。サポートチームのスタッフの大半はこの後も数日、リゾナーレ熱海に残り、営業の合間時間を使って急ピッチで対策を固めていった。

前例のない取り組みのため、課題を見つけてはつぶすことを対策項目ごとに繰り返した。例えば、料理にアクリルのカバーをつけることは決めたが、「どのぐらいの大きさのものを、どうやってつくるのか」「料理1品に対してカバーを1点ずつつけるのか、それとも全体を覆う大きなサイズのカバーをつくるのか」などを考えなければならない。リゾナーレ熱海では後日、アクリル板を何枚も取り寄せ、施設管理のスタッフが実際に板を切ってカバーを何パターンもつくった。そのうえで安全性や使い勝手を確かめた。

効率面からはビュッフェにある多数の皿全体を長い天板で覆うほうがいいが、長すぎると天板がたわむのでうまくいかなかった。メジャーで測りながらあれこれ試した結果、2つの料理の皿を1つのアクリルカバーで覆うといいことがわかった。ひさしの角度も分度器で測りながら手探りで決めた。構造だけではない。アクリルカバーを使って料理を提供したとき、顧客から見てものものしい感じになってはビュッフェの楽しさがなくなる。2つの料理を組み合わせるとき、どうしたらよりおいしさが伝わるかも大切な要素になる。料理の色合いにもこだわりながら、スタッフはビュッフェで提供する約60種類のメニューを1つずつ検証し、ベストな提供方法を模索した。感染防止を第一に考え、取り皿の位置も変えるなど細かい工夫も実施した。

密を避けて並んでもらうために、床に立ち位置を示すシールをはることも決めたが、ここでも調整が必要だった。宿泊施設のビュッフェである以上、サインは「ただはればいい」わけではない。市販のシールは指示するイメージのものが多く、これでは利用客は「並ばされる」気持ちになりかねない。ビュッフェのわくわく感に合わせる必要がり、地元の工務店などに相談した結果、熱海の海をイメージしたデザインのシールをすべらない透明な素材で新たにつくり、床にはることにした。現場のオペレーションはスタッフを「コントローラー」役として配置することは決めたが、具体的な動き方をどうするかはこれからだった。密になりそうなときにはいったん席に戻ってもらうが、どう伝えるのかなどもシミュレーションしながら考えた。いろいろ試してみるとコントローラーの役割は思いのほか重要であり、全体を把握しているレストランの責任者らに立ってもらうことになった。

課題を1つずつクリアしていったが、現場のスタッフが動き続けるなかで、当初想定していなかった新たな課題が浮上してきた。子どもへの対応だ。スタッフはそれまでの経験から、子どもがビュッフェ内で動き回り、ときには走り回ったりするのを知っていた。それに合わせて、コロナ禍ではどうすべきかを何度もシミュレーションしたが、コントローラー役のスタッフだけで対応するのは難しい。それまで出てきた他の対策を組み合わせても、なかなかうまくいかなかった。親が子どもの動きに合わせて動くケースもあり、思いのほか課題は大きかった。

子どもが動き出す前が勝負

発想を変えて考えるうちに出てきたのが、子ども向けのワンプレートのセットメニューをつくり、子どもがテーブルについたらすぐにプレートを提供して食べてもらう方法だ。

ビュッフェに到着すると同時にセットメニューを出せば、子どもは食べ物が目の前にあるため、いきなり動き回るのを避けられるうえ、ビュッフェ周辺の人数を減らすことも可能になるとスタッフは考えた。どういうことかというと、例えば子ども1人と両親でレストランのビュッフェに来た場合、通常ならば3人がいっせいにビュッフェに向かう。このため、その分料理の周りの人数が増える。一方、まず子どもにセットメニューを提供した場合、両親のどちらかは子どものいるテーブルに残り、もう1人が料理を取りに行く。そして先に取りに行ったほうが戻ると、子どもと残っていたほうが交代で料理を取りに行く。このため、ビュッフェ周辺の人数は少なくなる。「いいアイデアだと思った」と総支配人の北嶋は振り返る。子ども向けのプレートをつくるのは相応の手間がかかるうえ、どんなメニューならば満足してもらえるかなど、考えなければならない課題はまだあったが、大きな方針は決まった。

星野リゾートはトライアルとしてまず、リゾナーレ熱海で6月12日からビュッフェを再開。うまくいったらそのまま他の施設にも展開し、そうでない場合はセットメニューに戻す考えだった。対策を打つ項目の洗い出しから始めてじっくり準備は積み上げていたが、北嶋はこの段階でも「手袋とマスクに納得していただけるか」「15分おきの予約で密の状態が防げるのか」「料理にどう反応するか」など、いくつも不安があった。3密を心配する顧客がいることも勘案し、あらかじめビュッフェではテイクアウトも利用できるようにしたほか、コースメニューを提供するメインダイニングでの食事も可能であることを伝えるなど、顧客の選択肢を増やして臨んだ。

ビュッフェの再開は宿泊客にはリゾナーレ熱海の予約時には伝えていなかった。それでも再開を知ったファミリーらはトライアルの初日からどんどんやってきた。北嶋が心配した手袋やマスクの着用について、顧客から拒否反応はなかった。むしろ「ここまでやってくれるのだったら安心につながる」と評価する声が目立った。15分おきの予約も順調で、3密を避けるコントローラーも役割を十分に果たした。顧客からは「ビュッフェをやっているんだ！」といったポジティブなコメントが多く、「ビュッフェは心配だ」という声やテイクアウトなどを利用する人は思っ

アクリルのカバーはどのサイズがいいのか。メジャーで測りながら試行錯誤した結果、2つの料理を1つアクリルカバーで覆うことになった。カバーのひさしの角度は分度器で測りながら決めた

冷製パスタ
ソース
Mentaiko pasta

ていた以上に少なかった。初日を終えてホッとした北嶋は「これほど待ち望まれていたのか」と改めて認識した。

子どもに到着後まずセットメニューを提供するサービスも想定以上に順調だった。親はそれまで子どもが満足するまで自分の食事にとりかかれなかったが、新しい方法では交代で料理を取りに行きやすくなった。それでも、もう一工夫が必要な点もあった。親子連れがテーブルに着席してからすぐにセットメニューを出さないと、子どもはすぐに動き出してしまったからだ。

ビュッフェは入り口から料理の前を通って席につく流れのため、子どもは席についた瞬間から、もう料理を取りに行こうとする。このため、セットメニューは迅速に提供しなければならない。ある程度わかっていたつもりだったが子どもがテーブルで待つ時間は思っていた以上に短く、トライアルでは間に合わないケースも出ていた。しかし、提供が遅れたら、子ども向けプレートを出す意味がなくなる。初日の様子から、北嶋は子どもが席についてからプレートを提供するまでの「目標提供時間」を30秒に定めた。そして「どうしたら実現できるか」をスタッフと考えた、

ビュッフェは予約が必要なため、セットメニューの提供時間をあらかじめ把握しておけば、スムーズに準備がしやすい。それでもピーク時には子どもの利用が多く、セットメニューの提供が間に合わないことがあった。充てられるスタッフの人数は限られるが、ビュッフェ成功の重要なポイントのため、北嶋は子ども連れの予約が多い時間帯には子ども用のプレートをつくる専門の

担当者を置くことを決めた。

同時にプレートのメニューも見直した。温かい料理と冷たい料理が混在していると提供に時間がかかり間に合わないことも出てくるため、なるべく常温でセッティングできるメニューを考えた。オペレーションの効率を高めながら子どもの満足度を高めようと、トライアルの期間中はどんな料理を食べどんな料理を残すかも確認。すると、子どもの好みは当初の予想とずれがあることがわかった。例えばハンバーグを残す子どもが思いのほか目立ったため、ハンバーグを外すか減らすかする一方、人気のあったいもの蒸し焼きを加えるなど、試行錯誤を繰り返した。

全国から総支配人が集合

サポートチームはリゾナーレ熱海がビュッフェのトライアルを始めてから1週間後に視察し、ビュッフェを本格的に再開するかどうかを検討することになっていた。それでも、ビュッフェを持つ施設から再開を期待する声は強く、サポートチームのメンバーはトライアルが始まった翌日、早くも視察のためリゾナーレ熱海を訪れた。安心・安全を確認すると同時に顧客の喜ぶ姿を見たサポートチームのメンバーは「間違いなくいける」と星野に連絡。星野リゾート全体でビュッフェの再開が決まった。

子どもが席についてからプレートを提供するまでの目標時間を30秒に定めたほか、メニューにも工夫を加えた

リゾナーレ熱海ではトライアルの成果の横展開に向けて、新たなビュッフェの運営マニュアルづくりを早い段階から地道に進めていた。マニュアルをあらかじめ各施設に送って内容を理解してもらったうえで6月19日、各施設の総支配人がリゾナーレ熱海に集合。実際に新しいスタイルのビュッフェを体験し、顧客の様子も見てもらいながら、トライアルでの細かな気づきなどを説明した。総支配人はそれぞれの施設に戻り、ビュッフェ再開の準備作業を進めた。

星野リゾートは7月1日から全国の施設で「新ノーマルビュッフェ」として本格的にサービスを再開。テイクアウトメニューで、客室や施設内のパブリックスペースでの食事も継続しており、ここに安心・安全面で進化したビュッフェが加わった。星野は「求められていることに向けて現場が自分たちで考えて取り組んだのが大きかった」と話す。ビュッフェの運営の仕方などはスタート後も一部見直し、今後もコロナ禍の状況を見ながら機動的に変えていく。

新ノーマルビュッフェが1つの起爆剤となり、リゾナーレ熱海は業績を前年並みに回復。北嶋は２０２０年10月に異動し、リゾナーレ八ヶ岳（山梨県北杜市）の総支配人になった。「あきらめるのでなく、どうしたらできるのかをスタッフと考え続けたのがよかった」と振り返る。

リゾナーレ熱海

ファミリー向けブランドであるリゾナーレの施設で、相模湾を望む高台にある。星野リゾートは2011年から運営を手がける。敷地内には、樹齢300年を超えるクスノキに、木と一体化したようなツリーハウスも備えている。

冬期営業、再開の高い壁

——奥入瀬渓流ホテル

青森県十和田市

「何とか冬期営業を再開させてほしい」

２０１６年のある日、奥入瀬渓流ホテル（青森県十和田市）では、代表の星野佳路も交えた会議で冬期に営業するかどうかの会議が始まろうとしていた。

奥入瀬渓流ホテルは渓流のそばに立つ唯一の宿泊施設であり、客室数は１８７ある。星野リゾートは前体制が経営破綻した後、05年から運営を手がけている。周辺は紅葉の名所として知られるがこのころ、冬場に訪れる人はまばらだった。このため、星野リゾートは12月から4月中旬までの約４カ月、施設を休業していた。大半のスタッフはこの期間、トマム（北海道占冠村）など、星野リゾートが運営する他の施設に移って働いた。なかには毎年冬になると沖縄の施設に赴任するスタッフもいた。約１００人の正社員のうち、通年で施設で働くスタッフは総支配人を含めて数人しかいなかった。

実は星野リゾートは奥入瀬渓流ホテルの運営を開始した05年から3年間については、冬場も営業していた。しかし、客室稼働率は2～3割ほどにとどまり赤字だった。このため、星野は冬場の閉鎖を決断。以来、冬場は営業しない状態が続いていた。

それでもスタッフのなかには、「冬ならではのよさもあるのだから、何とか冬期も営業したい」と思い続けている人は少なくなかった。宿泊者らが楽しむアクティビティ担当のユニットディレクター、丹羽裕之はその１人だ。

北海道出身の丹羽は星野リゾートに入社する前、北海道でネイチャーガイドとして活動していた。青森の魅力にひかれて移住すると、奥入瀬渓流ホテルの近くにあるガイド会社で働いていた。その後、縁あって星野リゾートに入った。丹羽は前職のとき、冬期もネイチャーガイドとして活動していた。そのときの経験から、冬の奥入瀬渓流にはほかの季節にない、この時期ならではの魅力があることをよく知っていた。「だからまだ冬に休業しているときから、ぜひ多くの人に奥入瀬渓流の冬をもっと知ってほしいと思っていた。でも実際にはなかなか難しいだろうと感じていたが……」と振り返る。入社以来ずっと「いつかは実現したい」と思っていた冬期の営業再開。それがこの日、ようやく会議の議題になろうとしていた。

ここまでたどり着くには、スタッフは何年もかけてさまざまな角度から取り組み、準備を進めていた。当時の奥入瀬渓流ホテルは紅葉の秋の集客が圧倒的に多かった。冬は休館するほど閑散としていたが、実は春、夏も集客面での課題を抱えていた。それならばいきなり冬の再開に向けて動くよりも、まずは施設自体は開いている時期の課題解決に向けて動くべきだ——。スタッフはこう考えて夏の集客に取り組むことから始めた。丹羽もこの流れに加わった。

まず、夏の新たな魅力として注目したのがコケだった。渓流沿いにはいろいろな種類のコケが生えており、渓流沿いを歩きながら楽しんでもらったらどうかと、スタッフは考えた。しかし、コケは日常的に目にしているため、なかには「本当にコケで集客できるのか」「わざわざコケのために来てくれるだろうか」と半信半疑のスタッフがいたのも確かだ。それでも、奥入瀬渓流の自然をよく知る丹羽は「これは面白い」と直感した。

いろいろな部門から知恵を出し合い、「苔さんぽ」に「苔カクテル」なども組み合わせ気軽に楽しめる「苔ガールステイ」がスタート。丹羽らネイチャーガイドの詳しいレクチャーを受けてから森でコケを観察する「苔キッズ」などの新しいサービスを次々にスタートした。アクティビティ担当の丹羽はより多くの人にこの地の自然を知ってもらうために「苔メン」を名乗りながらメディアにも登場。現場の最前線から夏の奥入瀬渓流の魅力を発信し続けた。コケを切り口にしながらそれまで知られていなかった夏の奥入瀬渓流の観光を発信した効果は大きく、奥入瀬渓流ホテルは夏の集客が徐々に向上。施設の収益力アップにつながった。「以前はただ来てくださいというだけで、『では来たら何をするか』が打ち出せていなかった。それが夏のコケを通じてお客様に魅力をどう届けるかを考え、だんだん打ち出せるようになった」と丹羽は振り返る。

「安易な考えならば、やめたほうがいい」

「夏がよくなり、秋も相変わらずいい。それならば、冬も営業できるのではないか」。奥入瀬渓

アクティビティ担当のユニットディレクター、丹羽裕之は奥入瀬渓流ホテルの近くにあるガイド会社でかつて働いていた。縁あって星野リゾートに入った

流ホテルのスタッフは、冬期の営業再開をいっそう模索するようになった。それでも施設を冬場に営業するかどうかは経営に直結している大きなテーマであり、施設だけで決めることはできないため、星野も参加する場で話し合うことになった。会議に臨んだ星野は、奥入瀬渓流ホテルの冬期営業の再開については懐疑的なところがかなりあった。

星野リゾートが奥入瀬渓流ホテルの運営を始めたころ、星野は定期的に通い再生の最前線に立った。いろいろな戦略の立案に参加し、冬期の休業も決めていた。それだけに奥入瀬渓流ホテルを冬期に再びオープンしても、収益化がどれだけたいへんなことなのかをよく知っていた。だからこそ、夏の好調さについてのスタッフの説明を聞いた後、星野はこう言った。

「最近の状況から短期的に考えてはいけない。『夏の稼働がいいから冬も営業しよう』というような安易な考えならば、やめたほうがいい」

星野リゾートではそれまで閑散期の解消に成功した事例がなかったわけではない。代表的なのが05年から運営を全面的に引き継いだトマムだ。スキーリゾートとして開発されたため、星野リゾートが運営を始めた時点でも、冬場の集客は比較的順調だったが、問題はスキーシーズン以外のグリーンシーズンと呼ぶ時期であり、特に夏場は改善の余地が大きかった。

トマムの夏でブレークスルーのきっかけになったのは、現場の声だった。スキー場の設備の担当者がスキーのオフシーズンにゴンドラの整備をしていたとき、日常的に見ていた雲海の風景を

「お客様にも見せたい」と発想した。そこからゴンドラの山頂駅付近で雲海を楽しむ「雲海テラス」の開設につながり、雄大な眺めは夏の新たな観光として人気を獲得。現場を知るスタッフのアイデアが新たなビジネスチャンスを生んだ。ただし、トマムが取り組んだ夏は、子どもの夏休みがあり家族旅行が多いシーズンのため、収益改善に比較的取り組みやすい。これに対して、奥入瀬渓流ホテルが取り組む冬はそもそも旅行シーズンでないため、集客を増やすハードルが高い。しかも、積雪はあってもスキーリゾートではないという難しさもある。何よりもトマムと奥入瀬渓流ホテルで違うのは、休業期間があるかどうか。雲海テラスができる前のトマムは夏の集客に課題があったものの、休業するほどではなく夏も営業を継続していた。これに対し、奥入瀬渓流ホテルは冬期の稼働率が低迷して赤字のため、休業するしかなかった。それだけ冬期の営業再開のハードルは高かった。

だからといって、冬期の営業を模索すること自体に星野がまったくの「反対」だったかといえば、そうではない。冬の営業が軌道に乗れば収益上プラスになるだけでなく、スタッフが他の施設に冬場に移る必要がなくなり、ずっと家族といっしょにすごせることもわかっていた。星野は冬期開業の意義がわかっているだけに、スタッフを前にあえて厳しく伝えた。

「冬場も開けるには覚悟が必要だ。無理して1年開けてみるというのでなく、持続的にできることが大切。開けるならば、そのためのプロセスをしっかり踏んでほしい」

一連の話し合いを進めているとき、山下麗奈は星野リゾートの東京オフィスでグループ広報を務めていた。現地の考えや動きをあらかじめ知った山下はメディアに冬場の取材を呼びかけ、一定の感触をつかんでいた。山下はもともとウエディングサービス会社で働いていた。転職して星野リゾートに入ってからは広報での仕事が長く、星野と直接会話する場面も多かった。このため、山下は奥入瀬渓流ホテルのスタッフへの星野の問いかけの意図が理解できた。

「通年で開けることが地域のためでありスタッフのためになるのもわかっているが、せっかく再開しても短期的なブームに終わったら、その分傷跡は深くなる。そうならないように数字的な部分も含めてきちんと長期的に、運営のできる算段になっているのかを問いかけていた。反対が半分、残りの半分は試していたのだと思う」

どうしたら冬も観光地として認識してもらえるか

プロセスを踏むために、さまざまな部門を巻き込みながら、冬期開業に向けた本格的な検討が始まった。瞬発力で開けようとしているのでなく、持続可能な計画になっているのか、そのためにどう集客を高めていくのか。スタッフは進むべき方向を考えた。

この地ならではの冬の魅力についてもスタッフは改めて議論し始めた。丹羽もその1人として、話し合いに参加した。奥入瀬渓流は国立公園内のため「そのままの自然」があり、冬の渓流を見ること自体が特別な体験にはなる。しかし、実際に来てもらうには、東京など大都市圏から離れていることを考えると、魅力をわかりやすく知ってもらう必要がある。奥入瀬渓流で長く働く丹羽はそのことをよく知っていた。

東京のマーケティング部門と連携しながら考えていくうち、まず浮上してきたのが樹氷だった。同じ国立公園内にある八甲田山の樹氷はこの時点でもある程度、観光客に知られていた。それならばもっと多くの人に知ってもらえれば集客の起爆剤の1つにはなる。しかし、問題は樹氷が発生する場所は国内でほかにもあることだ。このため丹羽らスタッフの多くは「冬に奥入瀬渓流に来てもらうには、樹氷だけではまだ少し足りないのではないか」と考えた。

そこでさらに話していくうちに、次に浮上してきたのが氷瀑（ひょうばく）だった。奥入瀬渓流には14本の滝があり、冬にはこれが凍結する。観光客はこの地ならではの自然の織りなす多様な氷の美しさを楽しむことができる。樹氷に比べると氷瀑はそれほど知られていないが、これならばほかの観光地にない魅力として打ち出しやすい。知られていないことは、視点を変えればその分伸びしろが大きいともいえる。

最終的にはよく知られたものと伸びしろがあるものを組み合わせた「樹氷と氷瀑」を冬の魅力として本格的に打ち出すことが決定。丹羽は「なんとなくすごしてもらうのでなく、来る目的がはっきりしたと思った」と話す。山下は「樹氷と氷瀑を2本柱に据えることによって、奥入瀬渓流の付近は冬も観光地だと認識してもらえる自信が出てきた」と話す。トマムではゴンドラ担当者の発想がポイントになったが、奥入瀬渓流ホテルでも現場をよく知るスタッフが知恵を出し合うことが力になった。

「無理のない運営」がキーワードに

何を打ち出すかは見えてきたが、プロセスを踏むには集客プランもつくり込む必要がある。冬場の営業を再開したとしても、最初からフル稼働するのはやはり難しい。そのため、どれだけの規模で営業するのかもしっかり考えなければならない。星野が指摘するように、再開する以上は1年、2年で終わるのでなく、持続可能でなければならない。

ここで出てきたキーワードが「無理のない運営」だった。現場は冬期の営業を軌道に乗せるために再開後について「無理しない3年計画」を立案した。最初から施設全体を開けるのでなく、1年目は限られた客室に絞って開業。あくまでもその状況を見ながら2年目、3年目で少しずつ使う客室を増やすプランだ。稼働率を重視し、使う客室数については無理しない範囲で増やしていく方針で、冬期の再開に懐疑的なところもあった星野も賛成だった。

スタッフがプロセスをしっかり踏んできたことで、経営陣は奥入瀬渓流ホテルの冬期の営業再開を決定。９シーズンの冬期休業を経て、２０１７年から冬期の営業が再び始まった。「樹氷と氷瀑」を打ち出したツアーはヒット企画となった。雪が降りしきるなか、奥入瀬渓流ホテルのロビーは宿泊客であふれる。冬場に訪れる宿泊客の大半は滞在中、ホテルのバスに乗って渓流に出かけ、雪と氷に覆われた景色を楽しむ。夜の「氷瀑ライトアップツアー」では地元との連携で投光車を使ったライティングの下、滝が凍った氷瀑などの幻想的な眺めを堪能する。冬の渓流を見たことのある人は少なく、訪問すること自体が特別な体験となる。アクティビティを担当する丹羽は冬もフル稼働でサービスに臨む。

冬場の営業を再開してから、氷瀑を目当てにやってくる宿泊客は年々増加。奥入瀬渓流ホテルは夏から秋、冬までにぎわう施設に生まれ変わり、社員は他の施設に移って働くことがなくなった。冬場に活用する客室数を基準にすると、稼働率は8割ほどまで上がった。今後も無理することなく、稼働する客室数を着実に増やす方針だ。

星野リゾートでは、人気のあるサービスであっても毎年、同じことを繰り返すのでなく、スタッフの声を生かしながら毎年何らかのバージョンアップを加える。一見すると地味な取り組みだが、サービスを差異化するポイントになる。もともとの観光資源に頼り切りにするのでなく、新しいエッセンスを加えて旅のバリエーションを増やしていく。

氷瀑を打ち出したツアーはヒット企画に成長。夜はライトアップしたツアーを実施する。奥入瀬渓流ホテルは夏から秋、冬までにぎわう施設に生まれ変わった

奥入瀬渓流ホテルでも、スタッフは新たなチャレンジを始めている。例えば氷瀑ライトアップツアーは最初のシーズン、実施時期を滝が凍った状態になる1月からに限定していた。しかし、滝が凍り始めて氷柱が大きくなる時期ならではの風景の魅力もあるため、19年以降はスタート時期を前倒しして12月からツアーを開始した。1日当たりのツアーの回数も最大で8回まで増やした。気軽に楽しんでもらうためにレンタルのブーツなどを用意し、渓流に移動するバスの車中では雪の中の動物の足跡クイズを実施する。車窓の景色が眺めやすいように窓際の席に窓拭き用の黒板消しを置くなど、細かな工夫も積み上げた。ラウンジでは19年から氷瀑をイメージしたスイーツを提供。十和田神社を雪かきしながら参拝するツアーや渓流沿いを歩く渓流クロスカントリーなどさらにスペシャルなプログラムも始めた。3割ほどを占めていたインバウンド（訪日外国人）はコロナ禍でいなくなったが、戻ってくるときに備えてガイドの多言語化の準備も進める。

最後の課題は「春」

奥入瀬渓流ホテルが冬場も営業することによって、周囲にあるほかの施設も冬場に少しずつ力を入れて集客を伸ばすなど、エリア全体としての取り組みも厚みは増してきている。丹羽は「氷瀑ライトアップツアーもそうだが、冬に魅力をつくるのは1社だけでなく地域全体の動きがないと難しい。地元の協力や連携がうまくいったことも大きい」と話す。広報として現場と連携してきた山下は18年、奥入瀬渓流ホテルの総支配人として赴任。山下は「ホテルという『点』だけではなく、今後も周囲とも連携しながら『面』でとらえたリゾート地としての認知をあげていきたい」と強調する。近くのスキー場と連携してエリア全体が活性化するための取り組みも進める。

夏、冬と手を打ってきたが、春にはまだ休業する時期が数週間あるという。これから春ならではの魅力を考えながら、通年型リゾート化を図っていく。目指しているゴールはその先にあり、「世界中の旅行者が憧れるような、唯一無二の渓流リゾート」という大きな目標を掲げるところまできた。

そのために顧客の幅を広げることも必要で、星野リゾートは奥入瀬渓流ホテル内に高級フレンチレストラン「Ｓｏｎｏｒｅ（ソノール）」を開設。軽井沢から19年に赴任した奥入瀬渓流ホテルの料飲担当ユニットディレクターの鈴木良隆は「レストラン目当ての宿泊を今後は増やしたい」と意気込む。当初は高級レストランに必要な食材の調達にも苦労したが、少しずつ慣れ青森の豊富な魚介類や郷土料理をアレンジしたメニューに取り組む。ワインリストも整備し、5年後、10年後も見据えながらストックを進めている。

渓流のほとりから、これまでにないリゾートづくりを目指す。

奥入瀬渓流ホテル

青森県の奥入瀬渓流沿いに立つ唯一のホテルで、星野リゾートは2005年から運営する。一時冬場の営業を休止していたが、2017年から再開している。

近くて遠い大観光地

――ロテルド比叡

2015年〜20年3月まで運営

比叡山は京都と滋賀の府県境の付近に位置している。世界文化遺産で最澄が平安時代に開いた延暦寺があることで知られる。「ロテルド比叡」は、比叡山ドライブウェイ沿いの琵琶湖を望む地に立つ。客室数は29。当初は別の会社が運営していたが、星野リゾートは２０１５年に運営を受託。２０２０年3月まで担当した。

星野リゾートが手がける以前の運営では、ブライダル事業、外来客も対象にしたフランス料理レストラン、ホテルの宿泊などを手がけていた。しかし、規模に比べて事業分野が多い分、手が回らなかったことから、収益性は低かった。星野リゾートは運営を引き継いだとき、宿泊中心に切り替えることを決定。なかなか組数が集まらなかったブライダル事業をストップし、使っていたセレモニーホールは一部をスパルームなどに変更することを決めた。レストランは外来客の受け入れをやめ、宿泊者専用に切り替えて施設の新たな魅力として位置づける形に変更。事業を絞り込む分、売上高がいったん下がったとしても、まずは収益性を重視する方向にかじを切った。

総支配人に就任した唐澤武彦は星野リゾートに入社して約20年になる。創業地である長野県出身で、入ったときはまだ軽井沢だけで事業を展開していた。唐澤は軽井沢での勤務が長く、星野リゾートの成長を内側から見てきた。当初はウエディング部門に配属になり、その後でレストラン部門などを担当。レストラン部門では、現場をまとめるユニットディレクターを経験した。

星野リゾートは総支配人などのマネージャー職に立候補制を取り入れ定着しているが、唐澤が

唐澤武彦は星野リゾートに入社して約20年。軽井沢での勤務が長く、星野リゾートの成長を内側から見てきた

入社したときにはまだその仕組みはなかった。始まったのは唐澤が入ってしばらく経過してからだった。「それまでの総支配人は年齢がかなり上だった。そのため、立候補制になった最初のときは遠慮もあって、誰も出なかったと思う」と振り返る。今は星野リゾートの特徴となっている立候補制にもそんな時代があった。唐澤は立候補制になった2回目に立候補。軽井沢の日帰り施設などを担当するコミュニティゾーンの総支配人になった。その後、星野リゾートは施設のタイプに合わせて名称を、ラグジュアリーリゾートの「星のや」、温泉旅館の「界」、ファミリー向けの「リゾナーレ」などにそろえるブランド戦略がスタート。唐澤は「界熱海」（静岡県熱海市）に異動して総支配人となり、その後でロテルド比叡にやって来た。新しい勤務先は施設が小規模なうえに温泉がない。また、施設の特徴などは「星のや」「界」といった星野リゾートのブランドとマッチしなかったため、それまでのロテルド比叡という施設名で運営することになった。15年の運営開始にあたり、「その分苦労するかもしれない。星野リゾートの名によって顧客は増える面があるにしても、ここだけの滞在の魅力をつくっていく必要がある」と覚悟した。

「全然面白くない」

着任するとすぐに、魅力を高めるために何をすべきかをスタッフが考える「魅力会議」を立ち上げて動き始めた。議論のベースとなる数字を確かめようと、唐澤がロテルド比叡の顧客の属性を分析したところ、驚いたことがあった。それは「京都の街中から流れてくる人」の多さだった。

顧客分析によると、ロテルド比叡の顧客には、施設自体のリピーターとなっている人たちもそれなりにはいた。施設のファンがいることは唐澤にとって心強かった。しかし、それ以上に目立ったのは、京都市の中心部などの宿泊施設がいっぱいになった結果、仕方なく押し出されるようにやってきたケースだ。京都の街中が埋まると、ようやくロテルド比叡の客室が埋まってくる。客室の稼働状況などからは確かにそのことが読み取れた。京都から流れてきた人は、「比叡山中にあるからロテルド比叡を訪問する」といった「ポジティブな理由」から来たのでなかった。あくまでも、京都に宿が取れない、という「ネガティブな理由」によって宿泊していた。このまま「京都からあふれたから来ている人」を頼みにしていては、集客が安定しない。顧客の満足度を高めるのも当然難しい。「この施設を目的に来る人を増やす必要がある」と唐澤は考えた。

ではどうするか。代表の星野佳路も出席して施設の方向性を決める取り組みが始まった。唐澤はこのとき、せっかく京都と滋賀の境周辺の比叡山に位置しているのだから、両方の魅力を同時に知ってもらうべきだと考えた。そうすれば、両方楽しめるに違いないと思った。そこで星野を前に会議の場で「京都のいいところ、滋賀のいいところを組み合わせたら施設の魅力になる」とプレゼンテーションした。府県境の付近にある地の利を生かしているし、プレゼンの内容についてはそれなりの自信があった。しかし、これに対して星野の反応はクールだった。

「全然面白くない」

星野リゾートのフラットな組織では、星野も社員とフラットな位置にいる。このため、星野も議論を「見守る」「認める」のでなく、社員に本気で話す。これに対して社員も本気で話すからこそ、それまでにない発想が出てくる。それが星野リゾートの日常だ。ロテルド比叡でのこの日の話し合いもその姿勢はもちろん変わらなかった。星野によると、京都と滋賀の両輪でいこうとしても前の経営時の宿泊部門と結局同じことになる、という。なぜか。そもそも京都と滋賀を並べるといっても、京都の集客力は滋賀に比べると圧倒的に多い。観光庁がまとめた２０１７年の宿泊旅行統計調査によると、延べ宿泊者数は滋賀県は京都府の4分の1以下にとどまる。このため両方の魅力を提案しようとしても、結局は京都からの集客に頼ることになり、これまでと何ら変わりがない――。星野の言葉には説得力があり、会議はここで行き詰まりそうになった。

膠着状態を打開するため、唐澤は「市場調査」として、事前に滋賀各地を回った話を始めた。そんななかで琵琶湖に近い余呉湖の周辺にあるオーベルジュを訪れた話をしたことが大きな転機になった。余呉湖は京都の中心部から遠く、京都市内の有名な観光地に比べると訪問する人はずっと少ない。それでも唐澤はこのオーベルジュに行き、そこでつくる鮒（ふな）ずしを食べていた。その鮒ずしがそれまでと比べものにならないほどおいしかった話をすると、星野は「こちらのほうが全然、面白い」と乗ってきた。

京都と滋賀のトレードオフ

市場構造を改めて見つめ直すと、京都のマーケットに頼ろうとすればするほど、ロテルド比叡の所在地は街の中心部から離れていることが不利な条件になってくる。それでも従来は京都の集客力を無視できず、何とか京都に寄り添おうと不利な条件のまま戦うのを当たり前ととらえてきた。しかし、京都市内には優れた宿泊施設がたくさんある。このため、いくら頑張っても京都ではあくまでも脇役止まりだった。これでは星野リゾートが引き継ぐ前と大きな違いを生むのはいつまでも難しいままだ。一方、滋賀に目を向けたら、京都の中心部からの距離を気にする必要は一切なくなる。むしろ、琵琶湖を見下ろすロケーションが強みになり、主役になれる可能性がある。世界文化遺産である延暦寺という多くの人が訪れる場所がすぐ近くにあるし、また目を凝らしてみれば、滋賀には鮒ずしに象徴されるようにさまざまな魅力があるのも確かだ。それならば、思い切って滋賀でいくのも「あり」なのではないか――。鮒ずしをきっかけに議論は大いに盛り上がり、さまざまな方向に話が進んだ。

これに対して「滋賀で集客するなんて無理に決まっている」「滋賀にそれだけの個性や魅力が

あるのか」「京都から流れてきていた人が減ったらたいへんなのではないか」と心配する声も多数出た。地元関西出身のスタッフからは特にそうした声が強かった。それでも、だからといって「京都であふれたから来るホテル」のままでは、いつまでも「ここに来ることが目的な顧客」を増やすことができないのは間違いない。議論が深まるうちに、やがて少しずつ「これまで通りでうまくいかないのだから、滋賀でいってみてはどうか」「今まで通りやほかの施設のやり方にとらわれないほうがいい」という方向がスタッフの間で鮮明になった。星野はスッキリした表情で言った。「滋賀の魅力を集めよう。そのためには京都を捨てよう。トレードオフだ」

トレードオフとは、星野の理解によると「一方を追求すれば他方を犠牲にせざるを得ない関係」のことを示す。経営学の教科書を読み参考にしてきた星野は、競争戦略の大家であるマイケル・ポーターの論文でこの戦略を知ってから、いろいろな場面で取り入れてきた。

トレードオフに注目するようになったのは、「コモディティー化」を抜け出すためだった。星野によると、例えば一昔前ならばホテルのカレーライスは圧倒的においしかったが、現在はおいしいカレーライスを提供する街中の店が増えた。これはおいしいカレーがコモディティー化したためであり、カレーがおいしいというだけでマーケットから抜け出すことは難しくなってきたことを示す。コモディティー化はあらゆる分野で進んでいる。だからこそ、差異化するためには相手がまねをしにくい方向に進む必要があり、その手段が犠牲を伴うトレードオフだ、と星野はとらえている。星野リゾートではいろいろな場面でこの考え方を取り入れている。

ロテルド比叡の場合、トレードオフによって滋賀に徹しようとしたら、その代わりに京都からの集客を犠牲にしなければならないことになる。不利なロケーションといえどもそれまで集客に貢献してきた京都の観光客に背を向けるのは勇気のいる選択だが、中途半端に京都を残すのでなく滋賀にしっかり集中するからこそ、差異化できるし、顧客に選ばれるようになる、と考えた。手近な商圏である関西は大阪や神戸もあり人口が多く、京都との違いを打ち出すことができたら新たな市場を開拓するチャンスも一気に広がる。

大きな方向は見えてきたが、議論のきっかけとなった鮒ずしは、それまでロテルド比叡では提供していなかった。施設内には、レストランがフランス料理を提供する1カ所しかない。滋賀にこだわるならば、このレストランで鮒ずしを提供するしかない。「フランス料理のレストランで鮒ずしを出していいのか」と懸念するスタッフは何人もいた。これに対し、星野は「むしろ鮒ずしをうまく調理することが大事なのではないか」と提案した。それでも、鮒ずしについて「好きな人は好きだが、そうでない人もいる。本当に鮒ずしでいくのか」という声があった。一方、「地域ならではの食材であり、鮒ずしを紹介しないまま、この地の観光は成り立たない」という声も出た。ここからまた議論が起こったが、最終的には滋賀に徹する以上、「フランス料理に鮒ずしを組み込もう。皆驚くから施設を知ってもらうきっかけにもなるし、絶対にやろう」ということでまとまった。唐澤は「面白いことになってきた」と思った。会議が終わり、唐澤がレストランの担当者に話すと、担当者は「本当ですか」と驚いた。滋賀に徹するコンセプトを説明すると、比較的すぐに考え方や目指すべき方向について理解してくれた。それでもいざメニューの話をすると、担当者の表情は固かった。そして静かに話した。「お客様に出す自信がない」

老舗との出会いが転機に

試行錯誤を経て、フレッシュチーズとワインのジュレ、そして鮒ずしを3層に合わせた一品が完成。香りをいくぶん和らげながら、鮒ずしならではのうまみを押し出すメニューに仕上がった。唐澤は試食してみて「いける」と思ったが、周囲の不安もあり、このときはいったん、立ち止まって考えた。目指す方向は間違っていない。だがこれだけエッジの効いた料理を出す以上、全員がすんなり食べるとは限らない。もし、この料理を前に「無理だ」と言われた場合や、食べてみて「きつい」と言われた場合にどうしたらいいか——。唐澤が出した結論は、「そのときには、すぐに別の料理を出そう」。チャレンジが受け入れられない場合の対応も決めたうえで、この一皿をコースに組み込むことを決定した。

メニューの提供が始まると、顧客の反応は大きく分かれた。鮒ずしを使ったメニューに対し、

「すごくおいしい」という人がいた。しかしその一方、「やはり無理」という人もいて、それは「それまでに食べたことはあるがどこか苦手」という意識を持つ、比較的年齢の高い関西の顧客が多かった。「おいしい」と「無理」はほぼ半々ずつだった。ここからメニューは顧客の声を集めながら、チーズやワインのジュレの量を変えるなど食べやすくするための改良が続いた。その一環として、いろいろな店のさまざまな鮒ずしを取り寄せ、スタッフが皆で食べながらメニューに合った一品を探した。やがて創業４００年の老舗鮒ずし店との出会いが転機になった。

ここでは琵琶湖特産の鮒を限られたエリアからだけ水揚げするという16代続く漁師から仕入れ、伝統の中で培った手法で仕上げていた。熟成は通常1年ほどだが、この店では3年かけていることもあり食べやすく、さらにあと1年酒かすで漬けるものもつくっていた。この店の鮒ずしを使うことによって、格段に食べやすくなった。そのほかにも細かな工夫を加えることによって、鮒ずしを使ったメニューはほとんどの人が完食するようになった。唐澤は「エッジの効いた試みだったが、折れずにやってきてよかった」と振り返る。鮒ずしとフレンチというユニークな組み合わせから生まれた1皿にメディアの注目が集まり、やがて「このメニューを食べてみたい」という理由で訪問する宿泊客も出るようになった。

星野はその後、この老舗鮒ずし店を自ら訪問した。味や香りの魅力を確かめるうちに店主との会話は弾み、いつしか長い業歴を持つこの店がどのように続いてきたのかという話にも及んだ。

ロテルド比叡は鮒ずし以外にも、発酵にまつわる食体験を提供するために滋賀の発酵食を追求する生産者と「チーム発酵」を結成し、「発酵ガストロノミー」というプロジェクトを立ち上げた。ワインやほうじ茶、チーズなど滋賀産の発酵食品を、1年半ほどかけて次々にレストランのメニューに導入した。近江ほうじ茶の発酵利き茶体験やチーズづくり体験、ワインのテイスティング体験なども始めた。滋賀は長い業歴を持つところが思いのほか多く、発酵食品を軸にして食の魅力を高める取り組みが順調に進んだ。同時にじっくり時間をかけながら、延暦寺の協力を得た「やくよけ参拝」や日吉大社の協力による「やくばらい参拝」など、この地ならではのオリジナルプログラムを開発した。施設内にある土産品のコーナーからは京都の商品をなくし、滋賀中から「これは」と思う品を集めた。ハード面では、琵琶湖がよく見える場所にテラスを整備。一連の取り組みによって、滋賀ならではの楽しみを目当てに宿泊する女性客が増加した。ロテルド比叡の客室稼働率は7割ほどと前経営時とほぼ同じまま、1万2000円ほどだった客単価が約2万6000円と倍以上に上昇。売上高も前体制を上回るところまで来た。前体制からのスタッフが星野リゾートの働き方に慣れたことも重なり、顧客満足度も高まった。取り組みを振り返り、唐澤は「やはり、京都を捨てる決断が大きかった」と話す。

星野リゾートによる運営は20年3月に終了。唐澤は星野リゾートの京都エリアOMOの総支配人としてここでの経験を生かす。常識にとらわれない視点で魅力的な施設づくりに知恵を絞る。

鮒ずしとフレンチというユニークな組み合わせから生まれた1皿。やがて「このメニューを食べてみたい」という理由で訪問する宿泊客も出るようになった

ロテルド比叡

星野リゾートは2015年から20年3月まで運営。琵琶湖を見下ろす絶好のロケーションに立つ。現在は星野リゾートによる運営は終了している。

第4章 次のステップに踏み出す

踊り出した経理担当

——星のやバリ

インドネシア・バリ島

星のやバリはインドネシアのバリ島にあり、星野リゾートにとって2カ所目となった海外での案件だ。開業は２０１７年のことだった。最初の案件が既存施設の運営を引き継いだのに対して、バリではインドネシアの投資家と組み、建物を設計する段階からかかわった。海外で宿泊施設を一から立ち上げるのは、バリが最初のケースとなった。

施設はバリ文化の中心地であるウブドの東側に位置する。近くに「聖なる川」と呼ばれる川があり、昔ながらのバリの風景が色濃く残る。立地はこの地ならでは魅力に富んでいる。それでもバリにはフォーシーズンズ、ザ・リッツ・カールトンがそれぞれ2カ所、アマンが3カ所あるなど、競合は世界の一流リゾートがずらりとそろう。それだけに、抜け出すにはハードが整っているだけでは不十分で、現地のスタッフが大きなポイントになる。星のやバリには約１００人の現地スタッフが必要であり、サービスの質を高めていくには、人材を確保したうえでしっかり育てていかなければならない。

バリにおいて、スタッフが自由に発想する「フラットな組織文化」やさまざまな業務を兼務する「マルチタスク」などの星野リゾート流の働き方を定着させ、サービス面や収益面において世界の一流リゾートとの違いを示すことができれば、世界中の投資家の注目を集めやすくなる。こうして海外で知名度が高まれば、その分星野リゾートの海外戦略に拍車がかかる。だからこそ、星のやバリの開業にあたって代表の星野佳路はスタッフにこう語りかけた。「フラットな組織文

星のやバリの総支配人を務める廣瀬真人はバーテンダーなどを経て星野リゾートに入社

化とマルチタスクの働き方は競合がまねできない。世界に出るうえでポイントになる以上、この働き方をバリでもしっかり浸透させよう」

司法試験の勉強からバーテンダーを経て入社

星のやバリの総支配人、廣瀬真人は18年に星のやバリにやってきた。赴任したとき、星のやバリは開業してから1年ほどが経過していた。

廣瀬はもともと弁護士を目指し、大学の法学部を卒業後も司法試験の勉強を続けていた。学費などを稼ぐために飲食業で働くうちいつしかそれが本業になり、都内でバーテンダーとして働くようになった。一時は地元の茨城に戻り、バーの立ち上げを手伝ったりもした。あるとき、都内で大手外資系ホテルが開業。廣瀬は知り合いのつてでこの外資系ホテルのバーで働き始めた。これが宿泊業に入るきっかけになった。しかし、この外資系ホテルは組織が上下に明確に分かれており、次第に息苦しさを感じるようになった。そんなときに別の知人からの誘いで転職したのが、星野リゾートだった。

最初の赴任地は星野リゾートが沖縄の小浜島で運営するリゾナーレ小浜島（沖縄県竹富町）だった。宿泊業でも料飲部門の経験しかなかったが、星野リゾートでは1人のスタッフがフロント、清掃、調理などいろいろな業務を兼務するマルチタスクで働く。最初は戸惑ったが、次第にメリットがわかるようになった。「マルチタスクはスキルが積み上がってくると、どの業務も自分で判断できるようになる強みがある」と実感を込めて話す。

外資系ホテルにいたときと違い、星野リゾートのスタッフが自由に発言していたことにも、最初は驚いた。しかし、それにもすぐに慣れた廣瀬は、やがてリゾナーレ小浜島の料飲ユニットのディレクターとなった。「現場から変えていくのが面白かったし、ユニットディレクターになってからはフラットな組織文化がよい意味で緊張感をもたらしたと思う」と話す。星野リゾートは当時、リゾナーレ小浜島の運営を一時終了。廣瀬は沖縄から北海道に異動し、トマム（北海道占冠村）のザ・タワーでサービスチームをまとめる宿泊ユニットディレクターになった。

沖縄、北海道に次いで星野リゾートで3カ所目の勤務先になったのが、海外にある星のやバリだった。「外資系ホテルのバーで働いたことがあるので、英語ができると思われたのかもしれない」と廣瀬は笑う。実際には英語がそれほど得意だったわけではない。それでも現地に入って働きながら身につけていき、半年ほどでスタッフとのコミュニケーションに問題がないほどになった。星のやバリにはほかにも日本からのスタッフがいるが、現地スタッフと同じく施設では日本人同士も英語でコミュニケーションする。

廣瀬にとってバリでの最大のミッションは、星野リゾートの働き方を現地スタッフに定着させる点にある。具体的には、スタッフが自由に発言する組織文化をつくり、さまざまな業務を兼務するマルチタスクに対して、スタッフがモチベーションを持って取り組むことだ。廣瀬は「これまでの各施設での経験も生かしながら、バリでもフラットな組織文化を定着させよう」と意気込んで星のやバリにやってきた。

「明日結婚式が急に決まったから休みたい」

ところが最初から少し拍子抜けした。赴任して早々、現地スタッフから「明日結婚式が急に決まったので休みたい」と言われたためだ。ほかのスタッフに聞いても、あらかじめこのスタッフから結婚式について聞いている人はいなかった。「自分の常識では、結婚式の予定はいくらなんでももっと前からわかっているはずだ。どうして急に伝えるのか」と思った廣瀬は正直に言えば、かなり不安を抱いた。「なかなかたいへんだ」とも思った。先に日本から赴任していたスタッフに聞くと、「ときどきあることで、珍しくはない」という。実際、この後も同じようなケースはときどきあった。思っている以上に働き方に対する考えが違う――。廣瀬は海外でサービスを定着させる道の険しさに改めて気づいた。

星野リゾートはそれぞれの施設がシーズンごとのアピールポイントやそれに合わせたサービス

星のやバリは、バリ文化の中心地であるウブドの東側に位置している。近くに「聖なる川」と呼ばれる川が流れる

メニューを決めて発信する。そのために開くのが「魅力会議」であり、現地で働くスタッフならではの気づきがユニークなサービスを生んでいる。廣瀬もこの会議を通じていろいろなプランを実現してきた。星のやバリでも、廣瀬は魅力会議を立ち上げた。しかし、困ったことにスタッフからはほとんど意見が出てこない。会議は空転するばかりで時間だけがむなしくすぎていった。

後で気づいたのが、スタッフは欧米系のホテルで働いたことのある人が多く、マネージャーの指示を受けて動く働き方に慣れていた。このため、「自分で考えること」自体に対する戸惑いが非常に大きかった。また、バリにはバリならではの古くからのさまざまな人間関係があり、「自分からどんどん発言する」形になりにくい面もあった。

こうしたことがサービスに影響することもあった。レストランは混雑状況に応じてオペレーションの方法を変えることが多いが、星野リゾートはその判断を現場のスタッフに任せている。スタッフはテーブルごとの様子を把握しながら顧客にとってベストなサービスの方法を選択する。ところが欧米系のホテルで働いたことのあるスタッフにとっては、マネージャーが「指示する人」、スタッフが「指示される人」という関係が当たり前であり、自分で判断するという発想自体がない。このため、例えば宿泊客からレストランでの食事について「食べられない食材を変更できるか」「予約の時間をこう変えてほしい」など尋ねられると、スタッフはそのたびにどう対応したらいいかを聞きに廣瀬のところにやってきた。その分、サービスの提供に時間がかかり、いろいろなムダが目立っていた。

レストランのビールがすべて欠品に

廣瀬の見たところ、スタッフはそれまでの経験からもっと自分で判断ができるはずだった。どうしたらいいかもわかっているケースが多かった。なかには自分で解決しようと試みるスタッフもいたが、大半は「許可を得たというお墨つきがなければ、後で責任を問われる。そんなことにならないようにしよう」という考えだった。スタッフが自分で判断しないことが、トラブルを招くこともあった。バリは暑い気候のためビールが人気だが、あるとても暑い日、レストランではすべてのビールが欠品になった。原因は在庫管理のミスだった。人気のビールは早くから欠品になっていたが、レストランのスタッフは欠品がわかっても何の手も打たないまま、宿泊客にはほかのビールを注文してもらっていた。それを繰り返すうち、とうとう星のやバリのすべてのビールの在庫がなくなった。廣瀬が知ったのはこの段階になってからだった。

流通が十分整っていないバリでは、ビールが欠品したからといってすぐに届けてくれるところはない。仕方がないので廣瀬が自ら1時間以上も車を走らせ街まで買いに行き、ひとまず2ケース分のビールを用意した。廣瀬は「指示待ちスタッフ」に危機感を持った。

トラブルがあったからといって、ここであきらめたら競合がひしめくバリで星野リゾートの強さを発揮することは難しい。ではどうするか――。廣瀬がこのころから意識するようになったのが「話し方を変える」ことだった。

国内と同じように現場から出てきた声をしっかり聞こうとしてきたが、歴史や文化が違うなかでいきなりそこまで行くのは難しい。だからこそ「まずは自分からも、問いかけてみよう」と発想した。こうして話しやすい雰囲気をつくりながら、現地のスタッフに「気づいたことがあったら、それを伝えてもいい」「思ったことがあったら、言ってもいい」ことを少しずつ理解してもらおう、と考えた。

「私にできることがあるかもしれません」

そのために言葉遣いには気を配った。「どうするのか」と問いかけた場合、スタッフはどうしたらいいのかわからず、余計に萎縮することもある。その代わりに「どう思うのか」と尋ねることによって、まずはスタッフに気持ちを伝えてもらうことを優先した。また、星野リゾートでは全社員が役職でなく「さん」づけで呼び合うが、自由に発言し合える関係を定着させるため、バリでも同じように日本語の「さん」をつけて呼ぶスタイルを取り入れた。どれも小さな工夫だったが、継続することでスタッフの意識を変えようと廣瀬は努めた。そんななかで少しずつスタッフにも変化が出てきた。

ある日の魅力会議でのことだった。この段階でも現地のスタッフから企画を出してもらうのはまだ難しかった。このため、日本からのスタッフがバリに伝統的に伝わる舞踊を生かしたプログラムが新たにできないかと提案。そこに現地からのスタッフが参加する形で会議は進んでいた。現地スタッフが発言する場面は限られていたため、廣瀬はこのときもスタッフに「どう思うか」をときどき問いかけていた。そんなとき「日本でも舞踊をテーマにしたアクティビティを行っているが、バリでも同じことができると思うか」と尋ねたことが1つのターニングポイントになった。そのとき、発言をほとんどしたことのなかった経理担当の女性スタッフ、ユニックが小さな声で静かに話し始めた。

「私にできることがあるかもしれません」

廣瀬はそれまで知らなかったが、ユニックは子どものころからずっとバリ舞踊に親しんでおり、さまざまな知識と経験を積んでいた。舞踊は今も続けていて、星のやバリで勤務しながら、ときどき地元で子どもたちにバリ舞踊を教えているという。そこから話がどんどん弾んでいった。廣瀬や日本からの女性スタッフが服装について問いかけると、「こんな衣装を着たらどうか」とユニックは提案。またプログラムについても「本格的なバリ舞踊を短時間で身につけるのは少し難しいから、その一部をうまく踊れるようにしよう」と具体的なメニューを挙げながら伝えた。

ユニックが話し始めたことでその場の空気が和み、ほかの現地スタッフもそれぞれの考えを話し始めた。日本からのスタッフがその声に応えるうちに、いつしかディスカッションが始まった。あちらからもこちらからも意見が飛び交う国内の星野リゾートでの議論に比べたらささやかだが、それぞれが「顧客に対して、自分たちでどんなことができるか」「それがどんな魅力になるか」を考えながら話し続けた。

こうしてできたアクティビティが「バリ舞踊美人滞在」だ。実際のバリ舞踊体験に、スパ・トリートメントなどを組み合わせたもので、バリの美容や健康をテーマにしたユニークなプログラムだ。議論が進むきっかけになったユニックは自らこのアクティビティでサービスを担当。舞踊のときにはユニックが経理のパソコンを離れ、衣装に着替えて参加者にバリ舞踊を教えることになった。ユニックは「どうしたら楽しめるかを考え、説明の仕方も自分なりに工夫している」と静かに微笑む。廣瀬は「地域の魅力を生かしていかに健康になっていただくか、美しくなっていただくか。日本とバリのスタッフが話しながら、バリの個性的な文化を生かすプログラムになった」と説明する。

ほかにも地元のスタッフの提案を取り入れながら、花を使ったお祈りの供え物「チャナン」をつくるプログラムに改善を加えていったほか、カフェではインドネシアの伝統的な生薬素材を

現地スタッフの提案を取り入れ新しいアクティビティ「バリ舞踊美人滞在」ができた

使ったドリンクを提供し始めた。地元スタッフだからこそ実現できるサービスが星のやバリに次々に生まれている。

サービス面でも、少しずつだが自分で考える意識を持つスタッフが増えている。なかには、ほかのスタッフに「いっしょに考えよう」と呼びかけるなど、現場のリーダーとして活動する人も出始めた。レストランやカフェのオペレーション改善に取り組むシェリーは「自分が提案し、それが実現できるとうれしい」と話す。スタッフそれぞれが考えて発信する星野リゾートの働き方が少しずつ定着してきている。

「近い将来、総支配人を任せられる組織に」

バリは日本からの観光客が最も多かった時期もあるが、２０１１年からはオーストラリアが首位となり、最近は中国が首位争いに加わっている。星のやバリの場合、宿泊客は日本からが5割で残りは北米、オーストラリアとなっているが、バリ全体のトレンドを考えれば、今後日本以外からの集客が拡大していくことになる。

廣瀬は「働いている一人ひとりが経営判断するのが強い組織。そのためにこれからもスタッフに考えてもらい、自分で判断できる組織を目指す。『お客様に喜んでもらうために、自分がアクションしたい』という考えは、ここでも基本的に共通していると思う」と話す。

星野は「今は日本からのスタッフがいるが、近い将来には総支配人やユニットディレクターを現地スタッフに任せられる組織にしたい」と話す。南の島から星野リゾートの世界への挑戦が加速していく。

星のやバリ

インドネシアのバリ島にあり、開業は2017年。星野リゾートにとって海外で建物の計画から宿泊施設を立ち上げるのは、バリが最初のケース。施設はバリ文化の中心地であるウブドの東側に位置する。近くに「聖なる川」と呼ばれる川が流れ、昔ながらのバリの風景が色濃く残る。

前例なき再生

――界長門

山口県長門市

長門湯本温泉は６００年の歴史を持つ温泉街として知られる。山口県長門市にあり、周辺には萩・津和野などの観光地がある。団体旅行が盛んだった高度成長期には宿泊者数が約40万人いた。しかし、団体旅行が減少して大規模な温泉旅館の利用者が中長期的に減少する国内の旅行需要の変化のなか、長門湯本温泉の宿泊者数は２０１４年に約20万人と半減。同年には老舗旅館の経営破綻もあった。

星野リゾートは16年から長門湯本温泉で新たなチャレンジに乗り出した。それまで星野リゾートは自社施設を新設するだけでなく、温泉旅館やホテルの再生を手がけながら事業を全国に広げてきた。これに対して、長門湯本温泉では温泉街全体の再生に初めて取り組む。従来の施設１カ所が「点」の再生だとすると、長門湯本温泉では温泉街という「面」の再生となる。代表の星野佳路は「長門湯本温泉に単独で自社の施設をつくって進出するかといえば、それは難しかったかもしれない。しかし長門湯本温泉では地元が面的な再生を考えており、そのことにすごく興味を持った」と話す。

本当にできたらすごいが……

観光は地域にとって有力な産業であり、長門市は温泉街の宿泊者数の減少に危機感を深めた。

経営破綻した旅館の敷地を取得すると建物を解体。16年、各地の施設の再生で知名度を上げていた星野リゾートに跡地の一部への進出を打診するとともに「長門湯本温泉マスタープラン」の策定を委託した。マスタープランはその後、長門市の「長門湯本温泉観光まちづくり計画」として位置付けられた。星野リゾートはこの段階では長門湯本温泉に施設を持っていなかったが、このプランに基づいた「長門湯本温泉観光まちづくり計画」の下、長門市や地元の温泉旅館とともに同計画を推進するために設立の「長門湯本温泉観光まちづくり推進会議」のメンバーとなった。

面的な再生は成功すれば温泉街そのものの魅力が高まり、そのエリアにある旅館、ホテルにとって経営上プラスになる。大きな意義を持つが、エリア内の旅館・ホテルは地域内で長く競合関係にある。また地域には観光業だけでなくいろいろな立場の人がいるうえ、さまざまなしがらみもある。その結果、いざ面的な再生を始めようとしても、エリア内の意見がまとまりにくく、進めるのが難しい。成果を上げるには、エリア全体で意識を変えて取り組まなければならないが、多くの経営者は、自社の施設で働くスタッフの意識改革をするのにも苦労している。それがエリア全体となれば、ハードルはさらに上がる。このため、面的再生によってエリアが再生した事例はあまりない。星野は長門市からの委託について、こう振り返る。「『面的な再生ができたらすごいが、本当にできるのだろうか』と、最初は半信半疑なところもあった」

星野リゾートでこの案件の開発担当となった石井芳明は信託銀行、コンサルティング会社を経て16年に入社。旅館やホテルなどの新たな進出先や施設の企画を決める企画開発部門に配属となった。「案件にどれだけの伸びしろがあるかを、先入観持たないで評価することが大切。そのためには現場に行くことが大切」と話す。企業によっては開発段階に応じて担当者が代わるが、星野リゾートでは開発は基本的に完成まで同じスタッフが担当することになっている。

入社して最初の案件

長門湯本温泉の面的再生に対して、星野リゾートに転職してきた石井はマスタープランの作成の途中で加わった。石井にとって星野リゾートに入って最初の案件であり、温泉地の再生に向けた取り組みは手探りの連続だった。「とにかくできる限りの情報収集をし、自分なりのビジョンとロジックを示しながら、そのときどきで必要なことを関係者に提示し、プロジェクトを前に進めることを心がけた」と話す。そのために街づくりに向けた長門湯本温泉のいろいろな会合に足繁く通った。また、さまざまな分野の専門家を集めてデザインチームを組成し、専門家のノウハウを積極的に取り入れる体制をつくった。

石井が加わったとき、地元は「マスタープランをまず任せてみよう」という方向にはなっていた。ただし、実施するかどうかは星野リゾートがプランを提案したうえで、市が決める形だった。

石井芳明は信託銀行、コンサルティング会社を経て、星野リゾートにに入社した

また、星野リゾートはこの時点で温泉旅館ブランド「界」の進出を表明していたが、長門湯本温泉にそれまで施設を持っていなかったため、「本当に進出するかどうか半信半疑。協力したほうがいいのかどうかよくわからない」といった見方があったようだ。「温泉街の顧客を星野リゾートに奪われるだけなのではないか」と心配する人もいたという。

星野は多忙な合間を縫って長門湯本温泉を何度も訪問。まちづくり推進会議に定期的に出席し続けた。地元の温泉旅館、玉仙閣の専務を務める伊藤就一は「我々からしたら星野リゾートは大企業。だから、秘書を２人も３人も連れてすごい車で来るのかと思ったら全然違った。いつも私服だったし、自分のことを『もともと旅館の親父だ』と話すなど、親近感があった。同じ旅館を運営する立場という感覚があった」と話す。推進会議はいろいろな専門家や地域住民の代表者が集まるため、立場の違いから意見に差が出る場面もあったが、星野は会議で積極的に発言した。

共同浴場の大改装と若い後継者たちの思い

マスタープランの中間段階で星野リゾートが打ち出したのが「温泉街のそぞろ歩き」だ。温泉街を流れる川を中心に遊歩道などを整備して温泉街全体を活性化するプランで、地元の業者も魅力を感じる人が多く、「いっしょにできそうだ」という見方が次第に広がった。

温泉街全体の再生に向けた議論を進めるうえでポイントの１つになったのが、共同浴場の大規模なリニューアルだった。温泉街再生計画で重要な位置を占める共同浴場は当初、公設公営を前提にしていたが、長門市の予算が限られるなかで民設民営の方向となった。その担い手となる事業者は施設のデザイン提案に基づいた「プロポーザル方式」で選定することが決定。結果的にはこれが地元の若手経営者のプロジェクト参画を促す転機となった。

共同浴場のある場所は長門湯本温泉のルーツであり、近くの住吉神社の神様がこの地で温泉を見つけたと６００年以上前から伝わる。地元にとって温泉街の顔といえる大切な施設であり、特に若手の後継者は「どういう企画にするのかを考えるところから、自分たちで取り組みたい」という思いが強かった。

大谷山荘の大谷和弘はその１人だ。大谷山荘は16年に日ロ首脳会談の舞台となったことなどで知られ、大谷は英国の大学を卒業した後、東京、北海道、兵庫の旅館で働き旅館の経営を学んでから地元に戻り、家業に入った。現在社長を務める大谷は当時、専務を務めており、「自分が子供のころは、川で遊んでから共同浴場に入って育ってきた。地域にとって大切で、とても愛着のある場所であり、その改築を『誰かがやってくれる』となっては、一生後悔すると思った」と話す。同じ若手後継者である玉仙閣の伊藤は「もしプロポーザルの結果としてスーパー銭湯みたいになったり、３階建てのビルになったりしたらたいへんなので、ここは自分たちでやりたいと思った。子どものころの長門湯本温泉には今よりもずっと活気があったが、次第に厳しくなってきており何とかしたい気持ちもあった」と話す。

観光地では何か決めるときに60代、70代の経営者が中心になることが多い。古くから地元で事業を行うところが多いためだが、星野によると長門湯本温泉では大谷や伊藤のように比較的若い参加者が目立った。いったん地元から外に出て学んだり働いたりした後に戻ってきた後継者がホテルや旅館、伝統工芸の萩焼の窯元になどにいた。後継者は地元で育ち、子どものころからお互いをよく知っていた。それだけに地元を何とかしたいという思いが強く、共同浴場のあり方を1つの契機に、温泉街を再生する議論に積極的に参加するようになった。

若い後継者の参加は、星野にとって大きな刺激になった。「同じ言語で話せる感覚がある。話し合いが必ずしもうまくいっていないときも、ただ反対のために話すのでなく、地域愛のある人たちが建設的な議論をしている雰囲気があった」と強調する。大谷山荘の大谷は「そもそも、共同浴場は数十年スパンで幾度となく建て替えられてきている。新しいもの好きな地域の人々の気質的な素地があり、長門湯本温泉は昔から外からの文化に寛容なところがある。エリアの魅力をいっしょにつくっていけば、顧客は最終的に増える。地域の経営課題が解決できると考えた」と話す。若手の後継者には「自分たちの将来は自分たちでつくる」というエネルギーがあり、それが議論を加速させた。公の場で話し合うだけでなく、後継者たちは川沿いにカフェを立ち上げ、いろいろな人が訪問して自由に意見交換できる場となった。親世代は彼らの取り組みを静かに応援した。

議論のなかで星野は「湯本温泉はほかの地域にもあるので、名前がややわかりにくい。いっそのこと、温泉の名前を変えたほうがいいのではないか」といった大胆な提言をすることまであった。実際に温泉名を変えることはなかったが、それくらい自由な雰囲気のなかで話し合いが続けられた。星野リゾートの石井は長門湯本温泉に通ううちに、地域の魅力をより理解し、それをより多くの人に知ってほしい思いが強くなった。コミュニケーションを重ねるなかで、同じ思いを地元の多くの人が持つことを知った。「よそ者が何を言っているのか」といったやりにくさを感じることはなかったという。星野は「温泉街のこれからを担う若い世代がリスクをとるだけのエネルギーをもって意思決定していることがよくわかった」と話す。

「じわじわとチーム感が形成されていった」

マスタープラン作成の途中段階で、星野リゾートは長門市と進出協定を結んだ。その結果、星野リゾートは温泉旅館の「界」を長門湯本温泉につくる努力をすることが義務となり、長門市はマスタープラン実現のために努力することが義務になった。「それぞれの取り組みがきちんと進んだら、お互いにやろうということのため、緊張感があった」と石井は話す。石井は行政に向けたマスタープランづくりと自社施設の両方に携わった。

民設民営となる共同浴場は外湯の「恩湯（おんとう）」として建て替えることが決まり、運営のために地元の経営者が個人で出資して新しい会社を立ち上げることになった。温泉街の将来をそれぞれの立場から考え、それが前向きなパワーになっていた。「じわじわとチーム感が形成されていった」（石井）

「そぞろ歩き」のコンセプトを具体化したマスタープランが完成すると、これを受けて長門市は温泉旅館がある音信川沿いのエリアの整備に21億円を投資。水面近くの川床のほか、「紅葉の階段」「ゆずきち坂」などを設置することになった。たいへんだったのが、新たに開設した「川床」だ。安全面を確認するためにいろいろなデータを取りながら検証を繰り返した。地元では協議会を立ち上げ利用方法などについてのルールづくりを進め、最終的に行政サイドのＯＫを得ることができた。景観ガイドラインに基づき、既存の店舗の改装プロジェクトも進行した。星野リゾートは、「界長門」（山口県長門市）を新たに建設して進出することを決定。場所は温泉街の中心付近で、かつて別の旅館があったものの取り壊され更地になっていたところだ。温泉街を盛り上げるために、そぞろ歩く人が自由に利用できる施設として、界長門の一角に「あけぼのカフェ」をつくり、界ブランドとして初めて宿泊客以外も利用できる形にすることになった。

ハードの整備を進めながら「社会実験」として集客イベントなども実施。面的な再生への関心が高まり、全国から多くの人が長門湯本温泉に視察に訪れるようになった。訪れるたびに着実に整備が進む様子を目の当たりにしながら、星野は「集客が比較的順調な東京周辺ではここまで地域がまとまるのは難しいかもしれないが、集客で苦戦しているほかの地域でも面的な再生は可能なのではないか」と話す。面的再生以外にも、星野リゾートはこのところ、自治体からの引き合いが増えており、星野は「北海道のトマムのように再生の難易度が高いとみられた施設を収益化している点が大きいのではないか」とみる。石井によると「現在の収益性だけでなく、チャレンジするだけのポテンシャルがあるかどうかが基準になる」という。

地元はエリアマネジメント会社も立ち上げ

マスタープランに基づいてまちづくり計画を進める推進会議では、成果を見やすくするためにわかりやすい目標を掲げることを決定。業界団体が策定する全国の温泉地人気ランキングにおいて、長門湯本温泉はそれまで86位だったが、今後は全国トップ10入りを目指すことになった。上位には知名度の高い温泉がそろっているが、星野は「明確な目標にこだわることによって地域がまとまるし、ポテンシャルの大きさを考えれば、長門湯本温泉のトップ10入りは可能だと思う」

新しい長門湯本温泉の風景ができた。温泉街の宿泊客は川沿いの遊歩道を楽しむことができる。川に面した広場ではマルシェなどの開催も検討されている

と話す。

長門市の投資したさまざまな施設が次々に完成し、2020年3月には共同浴場の恩湯がオープン。大谷山荘の大谷は「地域の歴史に根差した施設ができあがった」と胸を張る。恩湯では地域住民向けの温泉パスポートもつくり、観光業に直接かかわらない人も含めて、温泉をエリアの資源として生かす。恩湯の向かいには地元の食材を使ったメニューが楽しめる施設が完成。新たにできた広場を含め温泉街を流れる川を臨む絶好のロケーションにあり、新しい長門湯本温泉の風景ができた。温泉街の宿泊客は川沿いの遊歩道を楽しむことができ、広場ではマルシェなどの開催も検討されている。苦労してつくった川床はいろいろな使い方ができるほか、広場付近には夜間照明も設置。温泉街全体を楽しむ環境が整ってきた。長門市長の江原達也は「ハードの整備が完了し、スタートラインに立った。そぞろ歩きを楽しんでいただく空間が生まれ、温泉街に楽しさが出てきた。周辺には市有地もあり、行政としてはさらに楽しめるようにするため、このエリアに必要なコンテンツをが充実するよう、サポートしていきたい。これからはソフトが大切になる」と話す。

エリア内には古民家を再生したカフェや焼き鳥店など飲食店ができるなど、古いものと新しいものが混じり合う温泉街の魅力は少しずつエリア全体に広がりつつある。玉仙閣の伊藤は「10年先まできちんとした形で続いていくことができれば、長門湯本温泉に夢を持ってかかわりたい人

共同浴場は「恩湯（おんとう）」として建て替え（上）。「川床」について、地元では協議会を立ち上げ、利用方法などルールづくりを進めた（下）

が増えていくはずだ。こうしてよい循環ができれば、これまで以上にそれぞれの事業に集中できるようになる」と話す。地域を盛り上げていくために、地元ではエリアマネジメント会社も立ち上げた。

星野リゾートは20年3月に界長門の営業をスタート。客室数は40室で、ベッドボードに徳地和紙を使い、床の間に萩焼を置くなど山口県の武家文化を生かす。長門湯本温泉とのかかわりはマスタープランづくりから始まったが、施設が完成したことで自社の旅館のサービスを通じて温泉街再生のメンバーの一員として歩み始めた。石井は「温泉街全体にクオリティーがコントロールされたにぎわいが生まれ、さらなる魅力の発展についても大きな可能性を感じる」と話す。

チームの本当の結束力はこれから試される

マスタープランが完成し、自社の施設が開業したことで石井の役割は一段落となった。これまでつくってきた地域とのつながりは新たに赴任した界長門の総支配人、三保裕司に引き継いだ。「界出雲」（島根県松江市）から異動した三保は、前任地でも地元の温泉組合の会合に積極的に参加。地域との信頼関係の大切さを意識していた。「面的な再生のために、施設だけでなく長門湯本温泉を知ってもらう施策も大切になってくる。長門湯本温泉の中心付近にあり、街づくりと一体化した旅館運営を図りたい」と意気込む。宿泊客以外も利用できるあけぼのカフェでは四季に合わせた展開を考えており、そぞろ歩きという長門湯本温泉のマスタープランに合わせた取り組みを進めていく考えだ。集客面では近くの福岡や広島から手軽な旅行先として訪問してもらうほか、東京や大阪などからも中国、四国エリアの周遊旅行に組み込んでもらうことを目指していく。

面的な再生は一般に成果を上げるのが難しいが、長門湯本温泉では成果を上げつつある。「行政のリーダーシップ、後継者の姿勢、外部のノウハウを受け入れる環境があった。観光業以外の地元も前向きであることから、予想以上の成果につながったと思う」と星野は説明する。

長門湯本温泉のトップ10入りに向けて、面的再生が力を発揮できるかどうかがこれから問われることになる。集客面ではそれぞれの施設が取り組むことになり、今後はエリア全体に生まれたチーム力がどうなるかがカギだ。「今、温泉街全体がすごくいいチームに見えているし、若いかたがたが頑張っている。このチームの本当の結束力はこれから試される。いいことも悪いこともいろいろ起こると思うが、そのときどきで力を合わせていけるかどうか。地域の創生に観光は重要な役割を担っている。その一員として、初心を忘れることなく長期戦で取り組んでいきたい」。星野はこう話す。

界長門

2020年3月に山口県長門市に開業。ベッドボードに徳地和紙を使い、床の間に萩焼を置くなど山口県の武家文化を生かす。星野リゾートは「長門湯本温泉マスタープラン」の策定からかかわり、面的な再生に取り組む初のケースとなる。

「長すぎた階段」との別れ

——界熱海

静岡県熱海市

星野リゾートは2008年、静岡県熱海市の伊豆山にある江戸時代に創業の老舗旅館を引き継ぎ、12年9月からは「界熱海」として運営する。相模湾を望む絶景のロケーションにあり、建物は傾斜面に位置している。

運営を継いでからは季節の梅酒を提供する「あたみ梅酒サロン」を開いたり、熱海に芸妓文化が色濃く残ることを生かして毎晩「熱海芸妓の舞」を開催。前経営時に名おかみとして知られた古谷青游（せいゆう）がつくってきた季節感や地域らしさを感じさせるもてなしに、星野リゾートの運営方法を組み合わせながら魅力を高めてきた。古谷は運営が星野リゾートに変わってからも館内のしつらえを手がけたり、折敷（料理の下に敷く紙）に宿泊客ごとに言葉を書いたりなどを続けた。それだけでなく、星野リゾートのスタッフに季節のしつらえのあり方などについてさまざまなことを伝えてきた。レクチャーの場などを設けるのでなく、スタッフは普段の業務のなかで古谷からいろいろなことを聞いてきた。古谷との会話を契機に自分で学び始めるスタッフもいる。少しずつスキルを高め、客室を飾る花は古谷に見てもらいながらスタッフが生ける場面が増えた。しつらえに対する考え方も「なぜそうなるのか」から学び、身につけてきた。

グループとしてのブランド力も生かしながら集客を拡大。次第に収益力が高まるなか、浮上してきたのが界熱海のリニューアルだ。宿泊施設は時間の経過とともにどうしても老朽化してくる。競争力を維持するには、時代に合った変更も必要なため、継続して投資していく必要がある。特

残すべきよさとは何か。さまざまな議論を重ね、出てきたのが「風」だった（上）星野佳路（下右）と古谷青游（下左）

に旅館は木造の古い建物が中心のため、定期的に大きな改装をしなければならない。星野は「昔ながらの旅館の宿命だと思う。どこかでリニューアルに踏み切ることになる」と話す。

「古いから」と残せばいいわけではない

古くなった施設のリニューアルのあり方について、星野はずっと考えてきた。入社前に米国に留学していたときには、欧米のホテルを積極的に見て回った。米国ではバージニア州のウィリアムズバーグ、サンフランシスコなどに心に残る施設があった。欧州でも洞窟を利用したイタリアのマテーラの施設や同じイタリアのアルベロベッロの施設などが特に印象に残った。「残せるものは残して期待に100％応えられるならば、それにこしたことはない」と考える。

それでも木造が中心の国内の旅館の場合、なかなか残せないことも多い。ただし、星野はそのことに否定的ではない。例えば、長い歴史を持つ伊勢神宮には式年遷宮があり、つくり直すこと自体が伝統になっている。星野は「建物自体を残すのではなく、様式や雰囲気を引き継いでいく素晴らしいやり方だ」と考える。旅館についてもノスタルジックな意味から古いものを残すことはしないという。「古いものを生かせるならもちろん生かすが、最初から古いものを生かすことがありきだと間違うのではないか」

創業地である長野・軽井沢において星のや軽井沢を開業するとき、星野リゾートはそれまで同じ場所にあった「星野温泉旅館」を２００３年に閉じたが、このときそれまでの建物は残さなかった。それでも自然環境を生かした施設づくりを進めた結果、星のや軽井沢は人気施設となり、星野リゾートの成長の原動力となっている。「古いものは写真でもストーリーでも残せる以上、物理的に残す意味はそれほど大きいわけではない。あくまでも現代の観光市場でお客様が評価してくれるかどうか。極端に言えば、先代までがどうだったとかはお客様には関係ない。無理やり残して押しつけてはいけない」と星野は考えている。

では、界熱海はどうするか。歴史のある施設であるだけに、古くからのファンがいることは間違いない。実際、リニューアルにあたっては、建物への愛着から「そのまま残してほしい」という要望もあった。それでもいったんリニューアルすれば建物は少なくとも20年は使い続けることになる。このため、これからの時代の顧客の要望に合致した競争力のある施設にする必要がある。星野は「時代に合った一番いい施設をつくるのが大切。だからそのまま同じものを建てるのでなく、これまで宿泊客から何がよいと思っていただいてきたのかを理解して、その要素をリニューアル後も再現しよう」と考えた。

残すべきよさとは何か。社内だけでなく社外も含めてさまざまな議論を重ね、出てきたのが「風」だった。相模湾を望む界熱海では1年を通じて海からの風が吹き続け、日本間の客室を通り抜けていく。「その心地よさが実はこの場所の特別感につながる。夏の風の心地よさはもちろんだし、春も秋も冬も東京と比べると少し暖かい風が吹く。風がやはり特別だと思う。リニューアル後もここは残していく必要がある」。星野はこう強調する。

ここからいよいよ建物の設計に入っていくことになったが、界熱海は相模湾を望む傾斜面にいくつかの建物が立地しており、「登竜坂」という約160段の階段が各棟を結ぶ。ポイントになったのが、施設の象徴ともいえる登竜坂の扱いだ。ユニーク性が高いのは確かだが、宿泊客が上り下りするのがやはりたいへんだった。スタッフのサービスでも、星野リゾートが運営を引き継いでから最大の課題になっていた。いろいろな取り組みが定着するなかで顧客満足度は施設全体として上がっていたが、宿泊客から「あの階段は何とかならないか」「年をとったらもう階段がたいへんなので来られない」という声が出ていた。

星野は「古いものを表面的に残すのではなく、今の時代にあったクリエイティビティーを生かして、楽しめる環境をつくることが重要。こうした思考プロセスを踏まえたうえで、古い部分を残そうというのであればいいが、古い部分を残すことが目的化してはいけない」と考えた。例えば、古い建物の柱を残しても、それが全体のフィット感を崩すこともある。そうなっては、「残した」と言いたいためだけに残したことになる。登竜坂の場合、つくられた時期ははっきりしないが、少なくとも数十年は経過していた。できたときと比べるとバリアフリーの流れは加速して

「界熱海」は、相模湾を望む傾斜面にいくつかの建物が立つ。「登竜坂」という約160段の階段が各棟を結ぶ

おり、施設の重荷になっていることは間違いなかった。

スタッフはそれまで少しでも階段の魅力を高めようと考え、階段の途中にイスを置いてお茶を飲めるようにするなど、「階段自体を楽しんでもらう」ために、いろいろな工夫をしてきた。しかし結論から言えば、顧客満足度を一部で回復する効果はあったものの、根本的な解決にはならなかった。何をしても約１６０段を上下するたいへんさを「正当化」することはできなかった。このため、リニューアルにあたって登竜坂を引き継がず、上下の移動のためには別な工夫を取り入れることになった。

「丁寧に閉じる」意味

リニューアルのために、界熱海は２０１９年3月末にいったん休館に入ることを決定。休館を前に星野リゾートはクロージングイベントを開催することにした。このとき星野の頭をよぎったのが、軽井沢の星野温泉旅館を閉じた経験だった。敷地内を子どものころからよく知っていた星野にとって、そこには愛着のある樹木や池などいろいろな要素があった。先祖や親が築いた建物、施設は本格的にリニューアルすることが決まっており、「自分の中での区切りをつけることが大切だった」と振り返る。

宿泊客に対しても「区切りをつけることで納得度を高めてもらう。閉めること、変えることに対する了解を得るため、儀式のようなものがあったほうがいい」と感じた星野は「しっかり思い出をつくりながら、閉じることをきちんと祝うべきだ」と発想。星野温泉旅館のクロージングイベントを行った。イベントを最後まで盛り上げるため最終日は「備品を持って帰っていい」サービスまで実施。常連客は満足し、大浴場に掲げてあった大きな看板を持ち帰り、家の風呂の前に立てて写真を送ってくれた人もいた。この経験から、特に伝統ある施設のリニューアルにあたっては、「閉じ方」を強く意識するようになった。

界熱海は、星野にとって特別な思いがある場所だ。学生時代に長期休暇を利用して国内の旅館を回っていたとき、星野は界熱海の前身である老舗旅館を訪問。建物に入るとすぐ、当時から名おかみと呼ばれていた古谷が館内の一角で花を生けている姿を見かけた。光がさんさんと差し込み、そこには誰も立ち入ることのできない雰囲気が漂っていた。星野は「ああ、これが日本旅館だ」と感じたことをよく覚えている。古谷は当時も折敷に宿泊客ごとに、季語なども入れた短い言葉を流麗な筆致で書いていた。しつらえや接し方なども含めて、あらゆるもてなしが際立っていた。星野にとっても思い出深く、それだけに「閉じ方が大切だ」と強く思った。

では、どんなクロージングイベントにすべきなのか。それを考えるのは現場を一番よく知る界熱海のスタッフだ、界熱海の総支配人、中村友樹は大学院で建築を学んだ後、星野リゾートに入社。星野リゾートが高知や福島で運営していた施設を経て赴任した。中村はいろいろな角度からスタッフと話し合いを進めた。「歴史、伝統を紡いできた施設が『いつの間にか閉まっていた』ではもったいない」「それでは、この施設の運営会社として、責任を果たしていないのではないか」「だからと言って華やかなパーティーというのは少し違う気がする」。自由に話すうちに、見えてきたのはまず「今まで大切にしてきた界熱海のあり方を休館まで続ける」ことだった。古谷は星野リゾートに運営が変わってから、スタッフにもいろいろなことを教えた。スタッフは星野リゾートの働き方を身につけると同時に、古谷を通じて日本らしさを知り、知識もスキルも広がった。40人ほどいるスタッフは入社して5年以内が多く、若いスタッフには「ここでのスキルアップが今後の星野リゾートに生きる」と話してきた。「継承してきた形でクロージングしたい」という思いがあり、「丁寧に閉じる」というクロージングイベントの方向性を示す言葉が自然と出てきた。

登竜坂を最後にどう飾るか

「丁寧に閉じる」と聞いた星野は「これはいい」と共感。スタッフはクロージングイベントの中身をさらに考えた。最後のイベントだからと力むことなく、季節ごとの魅力をどう発信するかを考える通常の「魅力会議」のやり方で議論を重ねた。全員から意見を集めて場面ごとにどんなコンテンツがあればいいのかを挙げてもらうことから始めた。ここでもポイントになったのは、宿泊客もスタッフもいろいろな苦労をしてきた階段、登竜坂だ。多くの人の記憶に残る場所だが、どうイベントに組み込んだらいいのか。

スタッフがまず考えたのは、建物のクローズにあたって壁にメッセージを残すやり方だった。オーソドックスであり悪くはなかった。しかし、界熱海の歴史などを考えると、やや丁寧さが足りない気がした。「今まで大切にしてきた界熱海のあり方を休館まで続ける」と「丁寧に閉じる」という議論の原点に戻って考え、「階段を魅力的にしようと今までいろいろやってきたが、最後もそれを続けたい」「建物に愛着を持つ人にメッセージを書く以外に何かお願いできないか」「逆にこの期間に初めて訪れるかたにも楽しんでもらうにはどうしたらいいか」といった発言をきっかけに、議論がまた動き始めた。

「アートがあれば、歩くのが楽しくなる」「お客様にも参加してもらう形にできないか」「クロージングイベントが梅の季節と重なることも反映してはどうか」と話し合いが進んだ。最終的に出た結論は、水引を使って梅の花をお客様につくってもらい、登竜坂を飾ることだ。「すべてのお客様にとってよい思い出になる」「水引ならば日本文化を踏まえているし、この施設に合っている」「水引は若い世代だと接する機会が少ないがその分、新鮮かもしれない」とスタッフは乗り気だった。「夜もライティングしたらどうか」と議論はさらに進んだ。

　クロージングイベントの一環として「階段アート梅咲く登竜坂」を、約１６０段の登竜坂の壁面などを活用して行うことが決定。階段の一段一段には静岡の伝統工芸、駿河和染で波模様をつくり、両側の壁面にはスタッフが梅の木と紅白のつぼみを描く。宿泊客には水引細工で紅白梅の花をつくってもらい、これを壁面の絵のつぼみの部分に結びつけてもらう。参加する宿泊客が増えていくにつれて梅の花が徐々に増え、日を追うごとに華やかになっていく参加型のアート作品だ。夜には駿河竹千筋細工のあんどんで駿河和染と水引細工でできた梅の花を照らし、昼間と違った作品として楽しむ工夫も盛り込む。

「今まで大切にしてきた界熱海のあり方を休館まで続ける」「丁寧に閉じる」は、ほかのコンテンツづくりでも心がけた。季節に合わせたお菓子を提供してきた施設内のテラス席では、過去に評判がよかったいちご大福を出すことを決めたが、梅の花を添えるなど一工夫を加えることによって芸妓に見立てた形で提供することにした。通年で行っていた熱海芸妓の舞はそれまで録音した音源を使っていたが、最後のイベント期間は三味線の地方（じかた）の演奏を行うことに決めた。最終日には芸妓の人数も増やすことになった。別館「ヴィラ・デル・ソル」では、フランス料理の特別コース「集大成スペシャリテ」を用意。シェフが提供してきた「今日1番の1皿」のなかから、選りすぐりの10皿をコースに仕立てた。クロージングイベントだからといって収益や運営効率を落としたりするのでなく、「ここでもこれまでのやり方を最後まで続ける」（総支配人の中村）ことになった。

星野があいさつで語った言葉

星野リゾートは界熱海のリニューアル前のクロージングイベント「梅と芸妓の大千秋楽」を2019年2月1日〜3月31日の2カ月間かけて開催。期間を十分に取ることによって、「それまでの建物に思い入れを持つ人たちにぜひもう一度来ていただきたい」とスタッフは考えた。何度も話し合ってできた「階段アート梅咲く登竜坂」は好評で、多くの宿泊客が参加し、最後には水引でできた梅の花が満開状態になった。芸妓に見立てたいちご大福や地方を加えた熱海芸妓の舞も人気を集めた。しつらえなどは古谷が最後までそれまで通り選び、節分には枡（ます）に豆を入れたり、ひな祭りにはおひな様を飾るなど歳時記に合わせて細やかに対応した。食事のときの折敷の言葉も、それまでの何十年と同じように古谷が書き続けた。

最終日の3月31日。これまでの建物はこの日で終わり大規模リニューアルに入るため、子どもから年配者までいろいろな思い出を持つ人が訪れて、最後の夜を楽しんだ。宿泊客は夕食後、チャーター船で熱海の海をクルーズしながら花火を鑑賞。戻ってからはロビーや中庭、大広間を

クロージングイベントの一環として始まった「階段アート梅咲く登竜坂」では、宿泊客に水引細工で紅白梅の花をつくってもらい、壁の絵に結びつけた

開放し、梅酒を飲みながら熱海芸妓と最後の宵を楽しむ「梅と芸妓の宴」を開催した。星野は宿泊客を前に、いつもよりも少し長いあいさつをした。施設の歩みを振り返ったうえで、新しい施設の設計を建築家の隈研吾が担うと明かした。東京五輪・パラリンピックの主会場となる国立競技場の設計を手がけた隈は界熱海の浴場の設計に携わったことがあり、この地について造詣が深い。そして星野は最後にこう締めくくった。

「星野リゾートによる経営の前から支持されてきた要素をしっかり理解し、リニューアルした施設でも再現していきます。ぜひまたおいでください」

翌朝のチェックアウトでは、宿泊客に記念品として敷地内の木材を使った箸「縁の架け箸」をプレゼント。最後の宿泊客が去り、古谷は「万感の思い」と話した。

界熱海は改築のため２０１９年４月１日より休館に入った。総支配人の中村やスタッフはほかの施設に異動となり、界熱海の運営を通じて培ってきた知識と経験をそれぞれが今後、星野リゾート内で生かす。新しい界熱海の施設は数年後に開業する見込みで、大規模なリニューアルにより長い階段が姿を消す一方、快適性や利便性を時代に合わせて進化させた姿に生まれ変わる。

そのときも海からの「風」は界熱海に変わらず吹いているはずだ。

クロージングイベント「梅と芸妓の大千秋楽」の最終日にあいさつする星野佳路

界熱海

静岡県熱海市の伊豆山にある江戸時代に創業の老舗旅館を2008年に星野リゾートが引き継ぎ、12年9月からは「界熱海」として運営する。2019年4月1日より休館に入り、リニューアルを経て数年後に再開する予定。

ユニークな働き方が次々に生まれる理由

ここまで星野リゾートのスタッフが社内外で発生した事件とどう向き合い、どう考え、どう対応してきたかをさまざまな事例を通して描いてきた。では、星野リゾートはスタッフの取り組みをどのように評価しているのだろうか。少し詳しく見ていこう。

星野リゾートの評価制度は10項目に対して各5段階で評価を行う。各段階は0点から40点まで10点刻みであり、これを加点式で積み上げる方式だ。10項目には「戦略的行動」や「イニシアチブ」「チーム行動」「顧客志向」などがある。評価は日常的な行動が対象であり、「1回ホームランに相当するような成果を上げたかどうか」といった結果よりも「日々の仕事のなかで、どういう行動をとっているか」というプロセスを基準とする。

星野リゾートはスタッフが自由に発言し、さまざまな提案をすることでサービスを改善し、顧客満足度を高めている。これは「サービスにとって本当に必要な答えは現場にある」（代表の星野佳路）と考えるからだ。このため、評価においては「どんな提案が形になったのか」に注目していると思われがちだが、それだけではない。むしろ重視するのは、「提案がよかったかどうか」よりも「いかにして実現まで主体的に動けたか」や「周囲をいかにサポートできたか」という点だ。提案の内容も「やってみたらよかったから」という理由に基づいて評価するのでなく、「提案がどういう客観的な根拠に基づいているのか」「戦略的な目標を持って進んでいるのか」などがカギを握る。つまり、提案する場合もスタッフの主観や現場での「肌感覚」に加えて、データに基づいた戦略性を備えている必要がある。

評価を決めるために行う面接は年2回ある。評価シートには特に文字数の制限がない。このため、スタッフは自分の取り組みを最大限に伝えることができる。シートに基づいて施設ごとに総支配人らと面談を実施。評価につなげる。星野リゾートの人事担当者によると、たとえ考えて行動して成果が出ないときも、プロセスをしっかり踏まえていればきちんとした評価が得られるという。働き方自体にかかわるため、既存施設の運営に新たに入る場合には、まず既存のスタッフに評価基準を伝えることからスタート。星野リゾートの運営する施設から赴任するスタッフの行動を通じて、「現場が考える働き方」を身につける。評価制度は年2回実施され、そのたびにスタッフは自らのそれまでの歩みを振り返り、これからの働き方や仕事のあり方を考える。こうした評価制度の下でサービスのあり方を現場が考えるうちに、ユニークな業務にたどり着いたスタッフが星野リゾートには目立つ。「こんな働き方もあるのか」というスタッフが少なくない。

牧場を立ち上げて、乳牛を育てる

北海道占冠村のトマムに勤務している宮武宏臣はリゾート内で乳牛などを飼育する「ファーム星野」の運営を担当する。入社したのは星野リゾートが軽井沢を出てほかのエリアの案件に進出した時期だった。大学の農学部出身で当時は「農業と観光の両方にかかわる仕事ができるかもしれない」と考えて、少しずつ注目を集めていた星野リゾートに入った。宮武は現在の星野リゾートトマムに赴任。夏の集客の起爆剤となる「雲海テラス」ができる以前のことであり、再生の最初の段階からいっしょに苦労したメンバーの1人だ。ブライダル部門を担当しその後、東京に異動。システム開発などの担当となった。当初思っていたのと違い、トマムで働いていたときも含めて仕事の上で農業との接点はなかったが、意外なところから転機はやってきた。

2017年にトマムにファームをつくる構想が浮上。これを知った宮武は「それまでとはまったく違う仕事をすることになるが、やってみたい気持ちのほうが圧倒的だった」。担当者になりたいと立候補。認められ、十数年ぶりにトマムへやってきた。そして、それまであったゴルフ場を閉鎖し、その場所に新たにファームを開設するプロジェクトの先頭に立った。実はトマム周辺はリゾートができるまで、牛などを飼っていた歴史があり、ファームの開設はこの地の原風景を取り戻すものとなった。ファーム星野が目指すのは、いわゆる観光農園でなく生産や加工に取り組む施設であり、牛舎、搾乳施設、農業機械も整備。農学部出身とはいえ、宮武は酪農経験がなかったため、近隣の酪農家や地元の人に協力してもらいながら、乳牛の飼育を開始。最近では生産した牛乳や乳製品はリゾートでも提供するまでになった。

トマムではこれまで雲海テラスが夏の集客エンジンだったが、雲海はほかのエリアでも発生す

トマムに勤務している宮武宏臣はリゾート内で乳牛などを飼育する「ファーム星野」の運営を担当する

るため、各地に雲海を売り物にする場所が出てきている。トマムはファームによって北海道ならではの風景を楽しめるようにすることで、差異化をさらに進める。「苦労の連続だが、いろいろチャレンジさせてくれるし楽しい」と宮武は話す。

ジビエへの興味から、狩猟免許を取得

星のや富士（山梨県富士河口湖町）の梶川洋祐がこだわってきたのは、この地に根差した狩猟の世界だ。星のや富士では、県内で深刻化する野生鳥獣の被害を受け、狩猟肉を魅力的な食材として活用。ジビエをメニューとして提供している。神奈川県出身の梶川にとって狩猟は星野リゾートに入るまで無縁な世界だったが、星のや富士に赴任して料飲サービスを担当。次第に提供するジビエを「もっと知りたい」と思うようになった。地元の猟師と交流するうちに、知識をより深めようと、自分でも狩猟免許を取得。「命の流れの中に自分があることを意識するようになった。狩猟にかかわる人が住む場所だからこそ、伝えられることがあると思う」と梶川は話す。

星のや富士のアクティビティとして「狩猟体験ツアー」を企画して担当。実際に猟師といっしょに山の中をじっくり歩きながら、どうやって野生動物の通る道を探り当てるのか、どうわなをしかけるのか、獲物をどう解体するのかなどについて、わかりやすく伝えるプログラムが参加

星のや富士に勤務していたとき、梶川洋祐はこの地に根差した狩猟の世界にこだわり、自分でも狩猟免許を取得

者に好評だ。

施設のスタッフ向けにも、狩猟やジビエについて話す研修プログラムを行う。プログラムを通じて狩猟に関心を持つスタッフは多く、星のや富士では梶川のほかにも数人が狩猟免許を取得したという。山梨県はイノシシなどが農作物を荒らすなどの被害があり、「狩猟は社会にとって果たす役割も大きい。ツアーが地域を深く知ってもらう機会になる」と梶川は考える。最近、星のや沖縄（沖縄県読谷村）の開業メンバーとして異動となり、沖縄でも地域の魅力を探したいと張り切っている。

島特産の野菜を「おじい」のアドバイスで栽培

星のや竹富島（沖縄県竹富町）スタッフである小山隼人はリゾート内に畑をつくり、竹富島の伝統農法に本格的に取り組んでいる。小山は子どものころから家族で沖縄の離島を毎年訪問しており、離島にもともと強い興味を持っていたという。早稲田大学では数学を学んだが、その道に進まず、卒業後は旅への興味から星野リゾートに入社。星のや竹富島に配属となり、サービスチームの一員としてさまざまな業務を担当してきた。

星のや竹富島のスタッフは船で近くの石垣島から通う人が多いが、小山は入社してから1年、

星のや竹富島の小山隼人はリゾート内に畑をつくり、伝統的な農法に取り組む

竹富島で暮らしながら島民と交流してきた。島の文化への思いは募り、耕作する人が減ってきた島の畑作を復興する星のや竹富島のプロジェクトに志願して参加するようになった。

竹富島は土壌が独特なこともあり、いつごろどんな作物の栽培をスタートしたらいいか、などが決まっている。小山は農業経験がなかったが、島民にアドバイスしてもらいながら、作物の栽培をスタート。今では薬草も含めると約40種類の作物を栽培するようになった。このうち、島特産のイモなどは夕食メニューの「島テロワール」の一部として提供している。

最近は「島の問題解決」も意識する。島で栽培する人がいなくなった大豆を星のや竹富島内で栽培し始めたのはその1つだ。「島の畑文化が残るような取り組みをどんどん進めていきたい」と小山は話す。また、島の祭りではアワが重要な役割を果たすが、島内での栽培は高齢の「おじい」1人しかいない。そこで小山はアワの栽培にもチャレンジ。祭りに役立ててもらえたらと考えている。「畑を通して、島と共存共栄の新しい観光の形ができたらと思う」と話す。

このほかにも星野リゾートにはいろいろな働き方がある。例えば、星のや京都（京都市）では船着き場から施設まで船で宿泊者を送迎するが、船を操作するのはスタッフたちだ。ＯＭＯ５東京大塚（東京・豊島）のスタッフは定期的に開くイベントのＤＪとして歌謡曲のレコードをかける。現場の発想でアイデアを出し合ううちに、ほかにない働き方が生まれている星野リゾート。独自の評価制度の下、どんな働き方が生まれるか、注目していきたい。

変わったことと変わらないこと

星野佳路
（星野リゾート代表）

本書「星野リゾートの事件簿２」（以下「事件簿２」）は主に２０１０年代に入ってから20年までの星野リゾートに起きた事件と解決までの歩みが描かれている。「事件簿２」の前には２００９年の「星野リゾートの事件簿」（以下、「事件簿」）があり、本書はこの続編にあたる。「事件簿」が09年に世に出てから12年が経過しており、星野リゾートにはいろいろな変化が起きている。

大きく変わったことの１つは、代表を務める私の施設運営へのかかわり方だ。「事件簿」のころ、私は全ての施設の運営により深くかかわっていた。運営を開始するときにはコンセプト委員会を立ち上げ、定期的に現場の会議にも参加し、課題もつぶさに見ていた。しかし、社内体制が整備されてきたことによって、最近では私が施設の運営に直接かかわるケースは少なくなっている。今ではそれを経営委員会にあたる「赤岩会議」のメンバーが機能別に担っている。運営施設数が増加し、社員数が増え、事業規模が拡大していることに合わせて、星野リゾートのマネジメント手法も、当然ながら変わっていかなければならない。

振り返れば、各施設の詳細な運営にかかわっていたときにも、私は「自分が現場を訪問してできることは限られる」と思ってきた。現場で何かに気づいたとしても、いつもいるわけではないから、起きている事象はたまたまのことかもしれない。にもかかわらず、それをとらえて意見を述べたり指示を出したりするとしても、正しい方向とは限らない。現場を一番よく知るのはやはり、毎日そこで働いているスタッフであり、日々運営を担当しているチームが自ら解決策を考えることを意識していた。サービスの質を向上させ継続するには、現場のチームメンバーが目標とする最終像に共感し、自ら考え、発想し、行動するしか方法はなく、経営の仕事はそういうチーム活動をサポートする環境を整えることだ。

これは米国の経営学者、ケン・ブランチャードのエンパワーメント理論において、重要な要素として取り上げられている。そのプロセスにおいて起こるべくして起こっていることが「事件」なのである。

ドラッカーと「事件」

「事件簿」が世の中に出てから12年が経過し、組織や経営体制が進化してきたにもかかわらず、星野リゾート内には、相変わらず事件が日常的に起こっている。

「なぜ事件がなくならないのか」「多くの事件が日々発生することは問題ではないのか」と思う人がいるかも知れない。しかし、リゾートや温泉旅館で発生しているさまざまな事象に、現場チームが果敢にチャレンジすれば、当然いろいろな事件は起こるのであり、事件を起こさない経営をしようとは思っていない。おそらくどんな会社でも、最前線の現場ではさまざまな事件は起こっているはずだ。起きている事件を組織の成長のチャンスとして捉えることが重要だ。

米国の経営学者、ピーター・ドラッカーは著書『イノベーションと企業家精神』において、イノベーションが起きる7つの機会について記している。

7つのうち1番目が「予期せぬ成功と失敗を利用する」ことだ。星野リゾートで起こっている事件とは「予期せぬ失敗」であり、つまりそれはイノベーションにつながる可能性のある機会といえる。

実際、事件に向き合う社員のチームがたどりついた解決策が星野リゾート全体で採用されたケースは多々存在し、それがサービスの差異化につながっている。つまり継続的に発生する事件は、現場チームに大胆な発想と行動を強制的に促し、それが星野リゾートの組織にとって重要なイノベーションにつながってきたのである。こうした経験を経て、私にとって「予期せぬ失敗」が7つのなかで一番好きなチャンスとなった。

界長門の開業の様子（2020年3月）

事件の共有は組織を強くする

事件を組織の中でイノベーションの機会ととらえ、組織の成長と進化につなげて行くための前提条件がフラットな組織文化だ。

星野リゾートの接客現場では、小さな事件は毎日無数に起き、直面しているスタッフが知恵を絞り悪戦苦闘している。事件が起きるのはサービスの最前線なので、違った内容が起きることも多々あるが、似たような事象は沢山起きているはずだ。いずれにしても、それらを可能な限り共有することは、以下の２つの理由で重要であると考える。

①似た事象の解決策を共有することで、会社全体の基準として育ち、それが組織を強くする。

②特異な事象であっても共有することで、そのときにチームが何を発想してどう行動し、どんな結果が得られたのか、という経験を伝える。これによって、組織が効果的なプロセスについて学習する。

つまり、これは事件と向き合った一人ひとりのスタッフの経験を、会社のナレッジとして蓄積していくということでもある。そしてそのなかにダイヤモンドの原石のような大きなイノベーションの機会が隠れていると考えている。大事なのは、事件とは避けようとすべきことでなく、活用すべき体験である、ということだ。そのためには、事件が起きた原因を個人の評価につなげようとする仕組みや組織文化はマイナスになる。そういう文化のなかでは、我々は事件を起こさないようにするし、万一起きたときにも表面化させないようにするだろう。それではダイヤモンドの原石を見つけることはできない。

フラットな組織文化が事件を支える

フラットな組織文化というと、「会社の組織構造のレイヤーが浅く平らである」ととらえる人が多いが、ここでいうフラットはそれとは違い、組織文化のことを指しており、組織内の人間関係がフラットであることを意味している。組織図上のピラミッド構造がどんなにレイヤーがあっても、そのなかの人間関係がフラットであるということは可能だ。

フラットな組織文化の構成員は、それぞれの役割と権限が明確になっているが、それ以外においてはフラットな関係であり、言いたいことを、言いたい人に、言いたいときに言えるような人間関係が維持されている状態を指す。私は現場チームが事件に遭遇したときに正しい経営判断にたどりつくためには、チーム内で正しい議論ができる環境が必要であると考えており、そのためには普段からフラットな人間関係が不可欠なのである。

そして、それは日々起こる事件をチームで解決していくために必要な環境でもある。フラットな組織文化が定着しているチームでは、スタッフは議論をするときにお互いに遠慮しない。それは私も同じであり、フラットな組織文化の一員として議論するときに「温かく見守る」「任せてみる」といった気持ちはさらさらなく、言いたいことを言いたいときに主張している。正しい議論においては、「誰が言っているのか」が重視されるのではなく、「何が正解に近いのか」が重視され、そこにチームの結論が自然に帰結していく組織を目指している。

私はまだまだスタッフとの議論には負けないと自負している。それは権限に裏打ちされたポジションがあるからでなく、単に論理性と説得力で負けないと思っているのである。しかし近年、議論しているなかで私にはない発想を目の当たりにする機会が増えていることも感じていて、そういう主張に自然に結論が帰結していくことを体験するときに、この組織の進化を感じ、誇りに思うことが増えてきた。

そういう体験の中で気づくことは、私が重視しているのは結論ではなく、結論にいたるまでのプロセスであるということだ。自律的なチームのなかで、正しく十分な情報に基づき熟慮し、提供するサービスに対して情熱を持ち、論理的に発想する正しい議論が行われているのであれば、私は結論に実はあまりこだわっていない。逆に、それらのどれかが欠けていて、かつ発想の論拠が、短期的な成果または過去に誰かが設定した予算などが強く影響しているときに、プロセスの脆弱（ぜいじゃく）性を強く感じるのである。

　議論を重視するからといって、結論は多数決で決めるということはない。意思決定をする役割を担っているのは、施設の場合ならば総支配人である。総支配人は必要な意思決定をタイムリーに行う権限と責任がある。

　フラットな組織文化における総支配人には、もう２つ大きな役割がある。１つは正しい議論を確保するためにスタッフに経営情報を共有することだ。情報量に差があると、対等な議論にはならない。もう１つはチーム内の議論をファシリテーションをしていくことである。これらはフラットな組織文化を重視する組織のリーダーには重要な能力になってきている。

事件はいよいよ海外へ

「事件簿」のときには、星野リゾートは国内だけで事業を展開していた。しかし、「事件簿２」

までの12年間に海外にも運営拠点を増やし、これからも着実に増やしていきたいと考えている。星野リゾートの現在の企業ビジョンは「世界で通用するホテル運営会社になる」である。世界のホテル運営業界は、規模で欧米のチェーンが圧倒しており、日本企業はまだまだ力不足である。だからといって日本の地方に籠城（ろうじょう）していても、それは持続可能ではない。星野リゾートは１９１４年に誕生した企業であるが、これから１００年後にも存在しているためには、世界で通用する力をつけなければならない。

米国の経営学者、マイケル・ポーターの競争戦略論が示す通り、規模が小さい私たちは市場のなかでユニークなポジションを取り、世界に挑戦していく必要がある。その根幹はフラットな組織文化が支える運営の独特な仕組みだ。

例えば、星野リゾートの重要な仕組みであるマルチタスクの働き方とそれが生み出す効能は典型的な事例であり、欧米のホテルチェーンは決して真似できない仕組みだ。そしてより重要な仕組みは、現場のチームが自ら発想し行動する自律した組織であることで、そのプロセスにおいては当然ながら新しい事件が海外でも次々に起こり続けるであろう。しかし、それがまた私たちを強くし続けるはずだ。

星野佳路（ほしの・よしはる）　1960年長野県生まれ。慶応義塾大学経済学部卒業。1991年に家業の星野温泉旅館（現・星野リゾート）の代表に就任

中沢康彦（なかざわ・やすひこ）

日経ビジネス副編集長

1966年新潟市生まれ。慶応義塾大学卒業後、毎日新聞記者を経て日経BPに入社。日経ビジネス編集部、日経トップリーダー編集部、日本経済新聞社企業報道部などを経て2018年4月から現職。著書に『あの同族企業はなぜすごい』（日本経済新聞出版）、『星野リゾートの教科書』『星野リゾートの事件簿』（ともに日経BP）など。

星野リゾートの事件簿2

なぜお客様は感動するのか？

2021年3月15日　初版第1刷発行

著者	中沢康彦
発行者	伊藤暢人
発行	日経BP
発売	日経BPマーケティング 〒105-8308 東京都港区虎ノ門4-3-12
装丁	前田象平
本文デザイン・DTP	ビーワークス（露﨑れな、川村茉由）
校閲	円水社
編集	中沢康彦、小野田鶴
印刷・製本	大日本印刷

Printed in Japan
ISBN978-4-296-10854-1